极简生活

SIMPLE MATTERS

［美］艾琳·博伊尔 著　熊亭玉 译

Erin Boyle

目录 | CONTENTS

自序：第一步——安家 　　　　　　　　　　2

第一章：清理杂物　　　　　　　　　　　　8
第二章：简　 单　　　　　　　　　　　　36
第三章：整　 理　　　　　　　　　　　　66
第四章：装　 饰　　　　　　　　　　　　84
第五章：浴室与美容护肤产品　　　　　　106
第六章：穿戴打扮　　　　　　　　　　　120
第七章：下厨和请客　　　　　　　　　　134
第八章：打扫清洁　　　　　　　　　　　150
第九章：盎然生机　　　　　　　　　　　164

致谢　　　　　　　　　　　　　　　　　183
出版后记　　　　　　　　　　　　　　　184

自序：第一步——安家

> "这份礼物是简单，是自由，是天上的恩赐降落在你身旁。"
> ——Joseph Brackett 创作的震教徒舞歌歌词

很多极简主义者的书一开始就不简单。他们有太多随意支配的钱，有太多不必要的支出，东西太多了，而幸福却远远不够。我的这本书并非如此。

我的故事开始于美国北卡罗来纳州威明顿市中心一套空荡荡的旧公寓，故事的起点就在这套公寓的厨房。厨房的木制橱柜很高，橱柜的漆面也有十层厚，防火胶合板的台面坑坑洼洼的。一开灯，就看见美洲蟑螂朝着四面八方飞掠而去。那里最不缺的就是蟑螂。

当时，我刚过完 23 岁生日没几天，詹姆斯也就 25 岁多。一年半之后，我贴出了第一篇博文。后来，我们离开了北卡罗来纳州，来到罗德岛州的普罗维登斯，我在那里攻读研究生，詹姆斯完成了自己的硕士论文。接着，我们一同搬到了布鲁克林的一套小公寓里。到了布鲁克林，我开始写有关生活的文章。又过了一年，我们结婚，后来有了一个孩子，又得搬家。但这些都是后来发生的事情。我和詹姆斯的生活开始于北卡罗来纳州，始于我们的第一套公寓。

我第一次来到这套公寓是天黑以后。

公寓是詹姆斯几周前找到的，当时我还在国外。我们是异国恋，在一起的时间很有限，但也正是因为相隔万里，我们的恋情才因各自不同的经历变得更为丰富多彩。在落日的余晖中，骑行在勃艮第南部的葡萄园里面，周围弥漫着雪当利葡萄的芬芳，我决定了，等这学年一结束，我就去北卡罗来纳州和詹姆斯在一起。他会开始他的研究生学习，我则要重新适应美国的生活，找一份新工作。

詹姆斯把公寓的照片发给我看。他懂得如何扬长避短。我看到了壁炉，看到了飘窗，还有安放了秋千的门廊。他当然没有发给我蟑螂的照片。

房子的纱窗破破烂烂，天然气取暖器占据了半个起居室的空间。我们互发电邮，交换意见，讨论怎么处理这些问题。后来，我们发现，有个男人每每路过时就会在飘窗处探头探脑。我们的房子是"安妮女王风格"的建筑，非常容易着火，两座房子间的距离只有 10 英尺[1]，而我们的邻居有一天晚上却在此处燃起了熊熊篝火。在租期中，我们浴室的天花板不堪负重，塌了下来，而且炉灶还漏煤气。所有的这一切，我们事先都不知道。我们来到这里的时候，只知道要把这里变成自己的家。

于是，在法国教了一年小学的我刚下飞机就来到了这里。在卧室里，我看到弹簧床垫上铺了褥垫，褥垫上面是干干净净的淡褐色床单。褥垫是詹姆斯自己买的，他四仰八叉地试躺了一床又一床的褥垫，最后才找到了他心目中适合我们的那一床。家里有一个沙发，是他从一对即将横跨美国搬家的年轻夫妇那里讨来的。家里还有一个洗衣机，一个烘干机，詹姆斯随便从 U-Haul[2] 卡车出租公司租了一辆卡车，把这两件东西扔到了里屋。厨房里有两只平底锅。

两年前的夏天，詹姆斯在南卡罗来纳州的埃迪斯托岛，当地的小猪扭扭超市[3]和皇家道尔顿[4]联手搞促销。他把收据的积分一张张地攒下来，买了两只不锈钢的平底锅。两年来，

---

[1] 1 英尺 =12 英寸≈ 0.3048 米。
[2] U-Haul，美国的租车公司。
[3] 小猪扭扭超市，1916 年，美国人克劳伦斯·桑德斯创建的连锁超市。
[4] 皇家道尔顿，英国的最大骨瓷出口制造商，创立于 1815 年。

不同的季节里,詹姆斯或是参与海龟研究项目,或是在滑雪场打工,无论走到哪里,他都拎着这两只锅。

我们是成年人了,至少我们对父母是这样说的,我们也想证明这一点给自己看。离开出生地,跑到千里之外,一起开始生活,这是证明自己是成年人的最好方式。成年人都是有家的,而家不只是四面墙和一张床。于是,我打开行李,拿出几条裙子挂在壁橱里。这时,不知从哪里钻出了一只蟑螂,"嗖嗖嗖"地跑掉了。

安家是艰苦的工作,不知道为什么,很多人都不太重视安家这件事。安家就要打理各种事情。在盘算着怎么付房租的同时,我们还要花很多时间讨论餐具的问题,讨论如何清理砰砰作响的纱门上昆虫的尸体。我们躺在床上,幻想着该挂什么样的窗帘。

下午下班之后,我会独自一人徘徊在一家又一家的古董商店,物色一把椅子、一盏台灯,或是一面镜子,这些东西能给我们的居所增添家的感觉。不上班的时候,我也忙得不亦乐乎。家里窗户的百叶窗都坏掉了,我一扇扇地取下来,挂上薄纱窗帘,窗帘买得很便宜,但为了节省开支,每扇窗户只挂一副。

我们买了拖把后,詹姆斯一遍又一遍地拖地板。他拖了不知多少遍,直到最后光脚走在地板上时终于没有黏糊糊的感觉。即便是这样,最后一次洗拖布的水也还是灰灰的。

我们住在一起的第一周,尽管手头非常拮据,我还是狠心花钱买了一副蓝白条纹的新浴帘布。浴帘挂起来后,浴盆在反衬之下看起来真是肮脏不堪。我想着,也许漂白一下,浴盆就会焕然一新。我拿着清洁剂,喷着浴盆的陈年老垢,可一不小心,一股清洁剂喷在了浴帘上。眼睁睁地看着浴帘呈现出橘红色的斑点,我深感挫败,一屁股坐在了浴室脏兮兮的地面上。虽说只是一副浴帘而已，可当时它的意义却甚为重大，它代表的是我长大成人的努力。我们想要把脏乱失修的公寓变成一个家，却惨遭重创。面对拮据的经济状况，我们束手无策。我打电话给妈妈，哭了。

詹姆斯在厨房窗沿上为我摆上了插着鲜花的空啤酒瓶。我们清除了屋前花园的荆棘丛。为了妥善安放冲浪板，我们把它们倚靠在墙角，同时也是为了装饰。我们买来陶质花盆，种上常春藤。我们共用一个小小的衣橱，里面挂满了衣服。我们往家里拉回好多破破烂烂的抽屉柜，一件件清理，然后又一件件扔掉，最后终于选中一对柜子并打磨上漆，视为珍宝。我还买了一床被子，这花掉了我一个星期的薪水——也就是说，没花多少钱。

似乎总是有做不完的决定，而选择时总是左右为难。我们需要一个拖把，可是该选什么拖把呢？我们需要肥皂，可选什么肥皂好呢？面粉是精白的好，还是全麦的好呢？是选餐巾呢，还是选餐巾纸呢？是液体清洁剂好呢，还是粉末的好呢？还记得，我去了一家又一家商店，商店里日光灯的光线是那么的直白。面对商品，我无所适从。

东西只是一方面。我们在公寓里做的每一件事情都富有深意。你真的要把那个东西挂起来并且挂在那里？你怎么这样折内衣？我们在学习。我们在考虑应该保留原生家庭的哪些习惯，哪些应该摒弃。我俩之间，哪些习惯应该相互借鉴？到底该怎么做？没有人指点我们，可同时似乎每个人都在指点我们：什么东西是好的，什么是必须持有的。关于这些，我们听过太多自相矛盾的建议了。

詹姆斯对豆腐怨声载道，我对牛排不屑一顾。到底晚餐该吃什么？在饿意的驱动下，我们终于解决了这个问题。我们都喜欢烛光晚餐。我们买来蜡烛，放在桌子中央，点燃蜡烛。

即使连续三天都在吃意大利面,没关系,我们每天都是烛光晚餐。

我们也有过不明智的决定。收集了一些并不真正需要的东西,花了冤枉钱;有过一些争吵,而这些争吵是我们日后懂得如何避免的。

从第一套公寓里积累的经验,我们运用到了第二套公寓。我们选定了一款肥皂。我们买了面粉和罐子,把面粉放在罐子里保存。应该使用哪家的有线电视、网络,还有电、煤气呢?我们都做出了决定。我们学会了如何在农夫市场上买东西。我们找到了一家不错的当地食品店。我们长途驱车前往海滩。我们试着给彼此留空间,有时没有办到,但失败的经历也教会了我们一些东西。

后来,我和詹姆斯搬到了布鲁克林的小公寓里,在那之前,我们一起已经生活了4年。4年的时间里,我们一共住过4套公寓。我们搬进搬出,把每套公寓都当成自己的家对待。

位于布鲁克林的那套小公寓只有173平方英尺[1],在这样狭小的空间里,我们居然没有疯掉,我知道这完全是因为之前我们已经做出的选择。我们必须舍弃很多东西。凡是不必要的篮子、书籍和家具,通通都要舍弃。搬到那套小公寓后,我们的生活方式并没有改变,但我们学会了关注更重要的东西。

我们从来没有住过这么小的房子,好在我们还略懂道理,知道开动脑子就能解决问题。第一步就是要打开窗户;第二步就是把住所洗刷干净;第三步就是铺床,也许还能摆放一束鲜花,然后再深呼吸一两次。

我希望这本书也能起到相似的作用。我分享我的故事,分享我居家生活中有用的经验,我希望这些简单的解决方案

---

[1] 译者注:相当于16平方米。

能像新鲜空气一样，给你带来启迪。你读完这本书，就像打开了窗户、刷净了地板一样。

生活是复杂的。这几年，我们学会了居家生活，也遇过一些刻骨铭心的人生经历。我们目睹了死亡，目睹过罪行，也经历了突如其来的悲痛。我们保持恋爱的热度。我们思念自己的家人。面对各自的事业，我们也曾焦虑万分。我们谋划未来。有时，我们感受到了某种难以言说的喜悦。我们明白了，生活不是那么简单的。但是，选择窗帘可以非常简单。

这本书讲的就是我们在跌跌撞撞的生活中做出的那些简单的决定、简单的做法、简单的目标和简单的习惯。这本书讲的就是简单物质和朴实设计带来的快乐，以及慢节奏带来的好处。这本书介绍了一种安家方式，这种方式对地球而言更为环保，对自己、对钱包、对自我意识而言更为温和。这本书的前提是：一个简单的家，家里装的都是自己辛勤汗水浇灌出来的东西。不要忘了，如果要设计自己的家，我们要管理的不仅仅是自己的私人空间。

简单生活不仅仅是审美或经济上的选择，还需要亲力亲为。减少用度，避免不必要的购物，减少垃圾，我们就能有空余的时间来做真正重要的事情，有多余的空间来安放真正重要的东西。我们把每一平方英尺的空间都转变为有用精致的地方，就能提高生活的品质。无论你是谁，无论你住在哪里，你都能创造出简单而有意义的生活。

01: Decluttering

第一章

清理杂物

"更少,但更好。"
——迪特·拉姆斯
(Dieter Rams)

在一个炎热的六月天,我和詹姆斯搬到了位于布鲁克林的小公寓。天气并非闷热难耐,可明显让人感受到了春去夏至的热度。搬家的前一天,我父母帮着我们在普罗维登斯的公寓里收拾行李。我们已经廉价处理掉那些不适合新公寓的东西,其中一个是我们早就不想要的日式坐垫,两张我们用整条的厚胶合板做的书桌,另外还有一个衣橱柜。这柜子是我们在克雷格列表网站[1]淘来的,一直都是我们的心爱之物,可惜它太大了,肯定没法安放到我们的新家。家具大多给了朋友们,他们都是继续留在普罗维登斯的研究生。我们把书装进了纸箱,打算挪到我父母家的楼顶间里,还打算把一面古董床头板放到他们院子的小屋里。新家的卧室在阁楼上,但这个床头板太高了,肯定要把天花板捅出个窟窿。

我们挺有把握地把行李搬到了货车上。之前我们也搬过家,知道如何妥当地在货车上安放行李。我们要先到康涅狄格州,在我父母家卸下书和床头板,然后继续上路。这次搬家应该是驾轻就熟。可是看着货车里的东西越来越多,我感觉心情沉重起来。几周前,我们签下了新公寓的租约,当时还很难想象出新家的具体模样。现在,站在敞开的货车面前,我感觉我们带的东西还是太多了。我是个收纳摒弃得当的人,

---

[1] 克雷格列表,美国著名的大型分类广告网站,创立于1995年。位于美国加利福尼亚州的旧金山湾区地带,是一个免费自由的信息发布平台,也因此受到了美国大众的青睐,成为美国最火爆的分类网站。

第一章 清理杂物

可家里壁橱、柜子，还有箱子里整理出来的东西，打包装箱之后，依然是堆积如山。

就在六月炎热的那一天，我们来到新公寓的门前，紧挨着其他车辆并排停好车，打开双闪。在搬东西之前，我们要去看看自己的公寓，这是第二次看。

真希望我能说，开门一看我们都松了一口气。可事实是，开门一看，我们都笑了，倒吸一口凉气。之前的租户搬走了他所有的东西，可奇怪的是，空荡荡的蜗居反倒显得更为狭小了。这地方看上去像是个门厅，充其量是通往别处的过道。我敢肯定，这里以前肯定是个10英尺宽的大厅末端。真是小得可笑，但这就是我们的家，我们还有一货车的东西要搬进来。

东西一件件地搬了进来，我们的心情也慢慢放松了。衣服装进了抽屉柜。我们公寓的管理员脾气不好，心地却善良，帮着我们把一个抽屉柜挪到了阁楼上。我们排除万难，总算在阁楼上放下了自己的床。杯盘碗碟从包裹的旧报纸中拿了出来，整整齐齐地放在了橱柜里。公寓里甚至还有个壁橱，尽管非常小，可还是可以收纳不少东西。行李打开放好后，房间看起来还空空的，但那一大堆箱子都不见了。我们办到了，只带了自己需要的东西。

是不是只有搬到了小公寓里才能知道自己有很多用不上的东西呢？并不是这样的。可是怎样才能防止各种东西潮水般地涌入家里呢？即便是自诩为极简主义者的人也会觉得这是个难题。

有一个好消息是：清理杂物并不意味着你要扔掉所有的东西，重新来过。搬进小公寓当然要清理掉很多杂物，可不搬家，也可以开始简单的生活。

首先要做什么？那就是减掉脂肪。

要知道，雪球是越滚越大的。听起来似乎不合理，但道理就是这样的。我们的东西越多，就越想要更多的东西。我们记不清自己到底有什么东西。我们开始着手解决东西的收纳问题，同时把已有的东西隐藏了起来，这样一来，堆积的东西就越来越多。最后我们就崩溃了。

从本质而言，拥有物质的东西并不是一件坏事。但家里总是堆满了自己并不真正需要的东西，甚至是自己根本不喜欢的东西。如今，只要敲一敲鼠标和键盘，各种方便就送到家门口了，这一来，我们总是购买太多的东西，持有太多的东西。我们把物质等同于幸福，把幸福等同于物质，在这个过程中却不知怎么地就迷失了自我。这种扭曲的关系真的会让我们感觉非常糟糕。

21世纪初，加州大学洛杉矶分校的一群研究者开始了一项前所未有的研究。这是一项人类学研究，调查对象是洛杉矶的32户家庭，目的是研究现代美国家庭如何运转。这项研究认同美国当时是"全球历史上物质最富有的社会"——这样的结果就是家里散见着各种各样的东西。作为研究的一部分，训练有素的编码员统计了研究对象家里的物件。第一户人家，仅仅是起居室和两个卧室里的可见物品就多达2260件，这一数字还不包括隐藏在衣橱和柜子里的东西，也不包括隐藏在大物件后面的小物件。这不仅仅是拥挤的问题，研究者报告说，"大量物件造成的视觉忙碌会影响这个家庭的基本快乐"。研究对象连续数天接受了皮质醇测试，那些认为自己家乱糟糟的研究对象在晚上表现得更容易抑郁。

要知道，美国家庭的平均居住面积是2598平方英尺[1]。多少消费品才能塞满这么大的空间呀。2009年美国劳工统计局的数据是：所有美国人仅在随意消费上的支出就达到了1 1300

---

[1] 译者注：约为241平方米。

第一章 清理杂物

亿美元。家里装不下的，美国人就给扔到了自助私人仓库里。根据自助仓储行业的游说组织（当然是自助仓储协会了）给出的数据，2013年这一行业为美国财政收入的贡献超过了240亿，他们提供的仓储面积更是高达23亿平方英尺。

没错，生活的确是乱糟糟的。可是用得着23亿平方英尺的仓储空间吗？在我看来，生活中这点乱糟糟的东西简直是失控了。我认为，在这些乱糟糟的东西控制我们之前，我们可以先把控它们。

所谓清理杂物，就是仔细地查看我们已经拥有的东西，决定什么是应该保留的，然后着手清除剩下的东西。这么做不仅仅是为了营造一个干净清爽的家，也是为了让你感到舒适宁静。

在我们许诺要明智购物的这一刻起，就引发了一系列的连锁反应。这些反应会影响到我们从未见到过的人，影响到我们从未到达过的地方。清理杂物不仅仅是让我们乱糟糟的生活回归有序，也最终会影响到我们生活之外的世界。

开始

从哪里开始呢？先扔掉那些没用的东西吧。家里的东西应该都是有用的。这些东西要么装饰我们的空间，要么给我们带来快乐，要么满足我们日常生活的需求。凡是没用的东西，都是浪费空间。在我看来，我家里的空间，还有你家里的空间，都是神圣的。

处理东西并不是说置之不理、视而不见，或是放到储物空间，或是花言巧语让别人帮你收着，然后你再决定究竟该怎么处置。处理东西的意思是：现在就要解决这些棘手的问题，不要优柔寡断，一旦决定要丢弃什么东西，就不要后悔。

第一章 清理杂物

这一点很难，但同时又很容易。

我第一次清理杂物是在中学。还是个孩子时，我的卧室里就有一张书桌。我很少坐在书桌前，却尽职尽责地往里面塞满了我的宝贝：有各式各样的弹弹球，每次到海滩去玩捡回的石头，还有我觉得很漂亮、值得收藏的文具夹子等东西。那些头发立起来，肚脐上镶着假宝石的北欧神话侏儒玩偶？我有好几个呢。那些三角形的握笔矫正器？我有三四个。束发带？哦，有的。

一个周末的清晨，妈妈递给我一个特百惠（Tupperware）的盒子，让我把书桌清理了。她说，如果有什么东西是我到了60岁依然还想要的，就装在那个盒子里。我的纪念品装满了几个抽屉，一个盒子怎么可能装得下呢？显然我得重新评估那些文具夹子和普通沙滩石头的价值了。结果是，我把石头都倒在了妈妈花园的小径上，还搜刮出一大堆塑料小玩意儿并把它们扔掉了。这样一来，书桌的抽屉又重新开合自如。另外，我还觉得这是个新起点，感觉非常棒。

该把什么东西处理掉呢？我觉得可以把不重要的东西分成三类：垃圾类、多余物品类以及非必需类。

> 餐桌上没有堆放杂物，就随时都可以用上派场：或是摆上晚餐，或是招待朋友喝杯茶，或是拿给蹒跚学步的孩子搞艺术创作。

垃圾

先来处理垃圾类。我们很容易攒下一大堆垃圾，到了清理东西的时候，我们很容易就能分辨出哪些是垃圾，而且可以面不改色地清理出一堆旧商品目录和垃圾邮件。

对很多人而言，垃圾堆积成灾完全是因为习惯问题，比如说收邮件。大多数时候，我从邮箱里拿出信件，直接就把那些不需要保存的信件扔进屋外的回收箱中。我只把那些想要过目的商品目录带回家。如果当天还没有看完，我就会扔到家门口收集回收物的草编篮子里。有需要处理的信件，我拿回公寓几分钟之内就会处理。如果没有及时处理，忙碌混乱中就会把这件事忘掉。有时詹姆斯都还没来得及翻一翻这些目录，我就给回收扔掉了。但是，我从来不会攒下一摞摞的商品目录。

也许，这些显而易见的垃圾并不是你的问题。

破旧的衣服，用了一半的涂漆罐子和洗发水瓶子，或是不成双的袜子和耳环？要扔掉这些东西，也许就要多花一些心思来说服自己。你会犹豫不决，心里想着这些东西或许还有用。破衬衣在修草坪的时候可以当作工作服。半瓶的洗发水还可以续装。也许哪天另一只找不到的耳环会自己冒出来。虽然内心有这样的挣扎，但更大的可能性是这些东西都没有用了。很有可能，你归类为"园艺装"的衬衣越来越多，比你上班的衣服还多。等到你打开一瓶新的洗发水时，你或许就埋怨怎么那里还有一瓶用了一半的洗发水。那只找不到的耳环很有可能已经躺在地铁的栅栏边，再也不会出现在你的视野里。意识到这一点，你非但不会觉得备受谴责，反而会是一种解脱。扔了这些东西吧，它们本来就没用了。

这样的训练也许会有用：试着想象一下你的浴室柜。如果架子上只摆放了少许几样你经常使用的用品，那就太棒了。如果你脑海里浮现的是塞得满满的架子，上面摆满了用了一半的乳液，亮闪闪的化妆品样品包，而且都是你出门不会用的化妆品，还有隐形眼镜的空盒子、过期的处方药——那这些就是我所说的垃圾。浴室柜是个很小的储物空间，本是用来存放每天都要使用的必需品的。即使在这样局促的空间里，我们都有存放杂物的习惯。不用的东西顺手放在柜子里后，柜门一关，什么都抛到了九霄云外，第二天打开柜门才会想起。日复一日，东西就原封不动地堆积在那里。整理这样的地方，最好的策略就是彻底扔掉不用的东西。

站在卫生间，一手拎着垃圾袋，一手打开柜门，把那些

第一章 清理杂物

你确认绝对不会用的东西全部扔掉：没用的体香膏、让你出皮疹的乳液、干了的睫毛膏和手柄早就不见的剃刀。先清除这些东西，再一次扫视柜子，清理出那些你很少用的东西：假睫毛、蓝色的睫毛膏、橘红色的口红。最后，想一想你上一次用这些东西是什么时候。如果已经是一年以前，再想想化妆品的保质期（提示：它们的保质期可不长）。扔了它们吧。然后再想一想，一个没有杂物的空间是多么让人身心愉悦。如此这般，你的浴室柜就像是从商品目录的广告中走出来的一样。在本书后面的篇幅我们会具体说明应该在柜子里放什么东西，但现在我们大可为清理了不用的东西而高枕无忧。

感到稍微轻松一些了？我们继续。

我家的浴室柜里只放牙膏这样的必需品。我所有的化妆品都放在一个旅行化妆包里。我喜欢这样，我的化妆包只装必需的东西，而且我随时都可以拎包出行。

垃圾这一栏里还包含一些更加难以舍弃的东西，也是一些没有用的物件：旧款的电子设备，半截玩具和坏掉的行李箱。我们很清楚这些东西没用了，可总是不忍心扔掉。我称这些东西为垃圾，并不是说这些东西应该进垃圾填埋场。其中很多东西是可以回收的，而且应该回收的（我们应该做到这一点）。虽说这些东西的归属地不是垃圾堆，但也不应该任由它们藏匿在你的房子里。

我自己就这样干过。大学毕业后买的第一台笔记本电脑出故障，最后不能用了，可我一直舍不得扔。两次搬家，我都给放到了搬家车上。我想要用一种环保的方式处理掉这台电脑，可就是狠不下心来研究该怎么操作。我深入分析了一下自己的心理：在内心深处，我不想扔掉自己辛辛苦苦工作后买来的东西。这样的心态不是我独有的。这些东西不应该留着。（请参看32页的捐赠指南。）

| **多余物品**

清除了垃圾，再来对付多余物品，也就是那些功能重复的东西。比如说，功能重复的厨房用品，重复的卫衣，第二套搅拌钵，第四个铸铁平底锅，第七件黑色紧身衣，还有那种只有冰天雪地才用得上的冬季外套——而你所居住的地区从未有过这样的天气。你懂我的意思。

从小经历过"童子军"的洗礼，我们总是以一种"时刻准备"的心态来居家生活，而居家生活更好的态度也许只是"有所准备"。具有讽刺意味的是，如果有什么突然的需要，我们当中大多数人很有可能从近在咫尺的地方就能得到所需要的东西。然而，美国人就是喜欢囤积东西。牙医递给你一套清洁牙刷，你不一定要接在手里。家里存放了10把新牙刷，你想着也许有10位客人到家里做客，都忘了带牙刷，于是就可以豪气地拿出牙刷来救急，这样的情景是千年等一回。残酷的

第一章　清理杂物

事实是：你一直都和多余的物品居住在一起。有人可能不同意我的这个观点。他们会说，他们喜欢有所准备，如果雨天有客人拜访，他们想要有多余的床单、干净的牙刷和多余的夹克借给这位客人用。这是善良的愿望。但是，有善良的愿望，并不意味着你可以不精简你的物件。

我的建议是：拉开你的抽屉，打开你的壁橱，就像寻宝一样寻找那些你不止一件的东西，然后只留下一件。

我们以毯子来举例说明。我们入住第一套公寓时，詹姆斯带来的沙发毯是绒棉布缝制的，与大学校园的套头衫一个材质，可这样的毯子他居然有两条。这两条毯子不仅与套头衫共用一种布料，实际上还共享大学的标志，除此之外，上面还有几处让人疑心的油渍。我自己也有两条沙发毯，其中一条是我在大学宿舍里用过的动物抱抱毯。于是，我们就有了四条毯子，没有一条毯子是我们特别喜爱的。如果要考虑"万一什么时候派得上用场"的问题，我们或许会把这些毯子扔进一个大篮子，但我们并没有这样做。我们看着这堆东西，问自己，到底哪个是我们的"最爱"？这是最高级别的勇气鉴定会。那两条套头衫毯子？车尾聚餐会用用还行，要舒舒服服地裹着躺在沙发上就完全不适合了，于是我们把这两条毯子扔了。我的动物抱抱毯已经看不出原来的样子了，于是也送给了别人。我们只留了一条毯子，后来攒够了钱，才买了一条简简单单的毯子来搭配住所的风格。如何掌控你的东西？我最好的建议就是：深思熟虑后行动。如果沙发旁边的篮子里躺着多余的毯子，干脆就扔掉吧。对你是件好事，对你的家也是件好事。

非必需品

家里有些东西是你既不喜欢，也不需要的。也许是礼物，也许是你曾经费心费力得来的宝贝，也许是你曾经钟爱的物品，但现在显而易见已没有了用处。这份清单中有：小学橄榄球比赛的塑料奖杯，各种各样可以勉为其难归为装饰物的小零碎，若干年前参加某次会议发的大手提袋（上面赫然印有会议的名称），另外就是大学的课本以及大学课本的笔记。

要记住：那些曾经有用、曾经有纪念意义的东西并不代表永远都有用。

我们就来谈一谈大学的笔记本吧。你在笔记本上字迹工整地记录了各种等式，这个笔记本见证你征服了微积分。（也许这是你这辈子最好的一本笔记。）你心里想，也许有一天自己会回到学校，或是某一天这些笔记会派上用场。这两种情景的可能性都微乎其微。

万事都有例外。大学毕业之后的那一年，我在法国教英语。我手绘了很多学习表格、抽认卡和其他教学工具。我在这些东西上花了很多工夫。有一年夏天，我心血来潮要整理东西，差点就把它们给扔了，但我姐姐一句话提醒了我。她说："以后你可以用这些东西教你的孩子法语。"（在扔东西方面，她可是比我狠心哦。）她是对的：这些东西不是必要的，但却绝对是有用的。稍许带有割舍不下的情绪，我把这些东西留下了。但是，我只留下了一部分大学时期的论文。生日收到的贺卡，我也只留下一部分。我做出了选择，你也应该做出选择。该扔掉的总是比该留下的东西多，但并不是什么东西都要扔掉。

要不要扔掉曾经有用的东西？这让人纠结。要不要扔掉那些从来就没有用的东西呢？这也让人纠结。姑婆给的那个装饰盐瓶，要不要扔掉呢？整年的时间里，这个兔子形状的盐瓶只能在复活节前后两周使用。你甚至还不喜欢这东西。这样的负担，扔掉算了。还有那个印有新郎新娘名字的婚礼纪念品，要不要扔掉呢？你或许喜欢这对新人，但并不是说非得要留着印有他们名字的马克杯呀。扔掉吧。

第一章 清理杂物

我们错误地认为自己无法掌控自己的空间，可事实恰恰相反。在决定东西的去留时，你的感受是细微而复杂的，我理解这一点。但不要忘了你家里的每件东西都占用了珍贵的空间：呼吸的空间，生活的空间。空间是如此重要，而大多数的东西呢？一旦这些东西扔掉后，你根本就再也记不起它们来。

你所珍爱的东西就是你要留下的东西。如果不是，就再想一想要不要扔掉。

我不是天生就有极简主义的倾向，童年的那个书桌就是证明。作为成人，我的生活却简单化，究其原因，不断搬家应该是最持久的因素，居住在相对狭小的公寓空间这一点还得退居其后。

每一两个月，我就会检查一下我的橱柜和抽屉，扔掉那些不再合身的、没法再缝补或不经常穿的衣物，没有必要让这些东西占用我的收纳空间。

我有一个装照片的盒子,里面存放的是有特别意义的照片,还有一份我婚礼的邀请函和几封非常有意义的信件。

喜爱什么样的沙发毯当然是个人品味的问题。我自己喜欢的是那种简简单单的白色毯子。即使随意地扔在沙发上或是床上,看上去永远都是那么整洁。

第一章 清理杂物

过去的 10 年中，我租住过 5 套不同的公寓。我有过从一个州搬到另一个州的经历，也有过两次搬到另一个街区的经历。但是，公寓之间的距离并不重要。我所有的东西都要用纸包好，一层一层小心地放到箱子里，用胶带封好，贴上标签，搬上搬下然后再一一拆开，全都是沉甸甸的。每搬一次家，我就有一次机会清理存货。我问自己是不是想把这些东西搬走，于是就能辨认出我真正喜爱的、真正有用的物品。我很自然地就明白了孰轻孰重。最后，我把不要的东西送给别人，捐赠或是卖掉，然后再整理留下的东西。

也许频繁搬家并不是你心所愿，但你也可以用这样的方法来评估自己的东西。每过上一两年，走到家里的各个角落，问一问自己如果真的要搬家，是不是想带上这些东西。你很有可能发现，自己想搬到新家的东西会比想要储存的少。

把关

祝贺你完成了清理杂物这一步，但想要拥有清爽畅快的空间，还不能停下脚步。与清理杂物相比，一开始就囤积东西才是更大的问题。

除了清理杂物，你还要做到阻止不喜欢的、没用的或既不喜欢又没用的东西进入你的家门。要想保持家里的清爽，你很有可能需要大刀阔斧地改变你和东西之间的关系以及它们在你生活空间里的位置。如果你购物上瘾，当然需要节制（或是把购物欲转移到家庭需要的事物上）。想要把不需要的东西挡在门外，你也许还需要朋友和家人的帮助。不要在结婚礼物清单上列出所有的厨房用具，这些东西你完全可以在某家商店一站购齐。你完全可以考虑让客人们为你贡献一些旅游基金。你也不用准备详尽的新生儿礼物清单，而是考虑请客人们凑钱帮着买一个高档的物件，比如说婴儿推车或儿童安全座椅。也许更好的选择是赠送必需品，比如说派送一个星期纸尿裤或自制晚餐。

我自己就在生活中尝试了新的送礼方式，非常成功。遇到节日和生日的时候，我通常不会选择具体的物品作为礼物，而是选择体验式的礼物，比如说外出晚餐的礼券，某个博物馆一年的会员资格，订购奈飞公司[1]或 Yoga Glo[2] 的有偿服务。细节或许不同，但保持简单生活的关键在于全面接受这种生活方式。如果不改变囤积东西的方式，家里就不可能保持清爽。

正如处理掉垃圾类的杂物颇为容易，要阻止垃圾类的杂物进入家门也不是难事。你平常去一趟食品店会买回什么东西？鸡蛋、牛奶，还有黄油。除了那些辛勤劳作自己养鸡、自己打黄油的人，普通人在买回这些东西的同时，也把这些东西的包装还有装这些东西的袋子带回家。也许走在路上，突然你就想喝上一杯咖啡，于是你就买了一杯咖啡。接着，你打开家门口的邮箱，看到了一堆你不想收到的账单和从来没有订阅的商品目录，其中还有一个免费的钥匙链。来到门厅，你看到了上次下雨时留在门外的雨靴。东西，到处都是东西。你不过花了 15 分钟去了趟食品店，结果迎面就飞来这么多的东西。

怎样才能避免这些垃圾呢？总不能让大家亲自养鸡、亲自打黄油吧。其实一些良好的习惯就能避免产生多余的垃圾。这一点我们会在后面的章节详细介绍，现在先给出其中的几条：

- 尽量在散装区购物，避免多余的包装。
- 在购买水果和蔬菜时，尽量少使用塑料袋。

---

1 奈飞公司（Netflix）成立于 1997 年，以在线订阅模式开展的电影 DVD 租赁业务。公司采用费用包月制，消费者可以无限次租借影片，而且不收延期归还滞纳金。

2 瑜伽健身的一种，量身定做。

第一章 清理杂物

- 尽可能随身携带环保购物袋和水杯。
- 利用像 catalogchoice.org 这样的网站退订垃圾邮件。
- 拒绝免费赠品（各种典礼的礼品发放处是头号敌人）。
- 以身作则。别人给你什么，这是你没法完全掌控的，但你至少可以做出表率，赠送你希望得到的礼物，比如说可以吃的，可以用的，可以体验的东西。

完成清理多余物件的艰苦工作后，就可以开始仔细思考决定加些什么东西了。

私人仓库的危害

私人仓库是以防万一的地方。如果你打算花上几年的时间环球航行，最终还要回到自己的安乐窝，那私人仓库还是值得一用的。可是，绝大多数到了私人仓库的东西再也没有回到家里。

这些东西不在的时候，你有没有想念过它们呢？

更多的时候，私人仓库只不过是推后了你清理杂物的时间，而清理杂物最终是不可避免的。你需要额外的空间，没错，这有可能，也完全可以理解。那些书你现在没地方存放了，也许以后某一天你会用得上，该怎么办呢？你孩子以前穿过的衣服已经小了，你想留给将来出生的宝宝？节假日的装饰物整年压在衣橱里占空间，你不想这样，该怎么办呢？我明白你左右为难的心情。

秘密就是：清理杂物需要一个过程。也许你想速战速决，定好取舍，但作为普通人的我们，清理杂物并不是快刀斩乱麻。什么东西是我们最喜欢的？这需要看了又看才能决定。私人仓库使我们远离储存的物品，因而无法做出取舍的决定。

书

就在不久前，我那一箱箱的书还堆在我父母的阁楼上，耐心地等待着在我拥有大公寓的那天闪亮登场。有一天，我打开了这些箱子，我的乖乖，大部分书完全让人看不上眼了。多年来，我一直储存着我不想要也不需要的东西。这些书还留在那里，完全是因为它们被放在了我看不到的地方。正因为看不到，这些书才留了下来，其中甚至还有我不喜欢的书，也只有这样它们才可能留下来。研究生的时候我花了一周的时间来读那本女权理论的专著，真是不胜其烦，之后却再也没有碰过。留着干吗？还不如送给攻读研究生的学生。那本无肉不欢的烹饪书，我一道菜也没有做过，留着干吗？简直就是送给我爱好肉食的好友的绝好礼物。

节日装饰物

圣诞装饰是一年当中的重头戏，装饰物也要把关？这可能会让家里负责圣诞装饰的人迷惑不解了。但是，我要建议一种新的节日装饰方式，这样一来，你就不需要洗手间大小的空间来储存那些装饰物了。花钱买上几串彩灯，只需要一只大鞋盒就能装下了。用自然元素的东西来装点圣诞树，烘托节日气氛，最后这些东西都能用来堆肥，而非储存。用一块布来包住圣诞树的根部，不需要用大花盆。选择普通的蜂蜡，而非陀螺型的蜡烛，这样你平时也能用。不要用假花，用鲜花花环来装点你的栏杆，这样节日后也就没有储藏的麻烦了。

婴儿用品，以及其他我们留下以备万一的东西

没错，有些婴儿用品天生就是一副有用又有趣的样子。面对小小的运动鞋，我们几乎就没有抵抗力。但是，我的建议是：对于婴儿用品，凡是现在用不上的，就借给别人；凡是能够借到的，就不用买，用完了后请归还。买东西的时候，一定要叩问自己的内心：这是真正有用，还是可有可无的？等家里不再有小婴儿了，就捐出所有的东西。是的，所有的东西，小小的运动鞋也不例外。

家传物品：是负担，还是福祉？

如果数量不多，家传物品还真是赏心悦目；如果泛滥，那就成灾了。

很简单的理由：我们的东西比我们活得长久。

说到生活方式，我们经常听到"去粗存精"这个词。选择礼品，要去粗存精；整理衣物，要去粗存精。很多时候这个词用得并不恰当。但提及继承遗产，还有整理家屋的时候，我认为去粗存精还真是有用，至少在某些方面是有用的。

在公众眼里，方圆50英里之内的住宅式博物馆就应该存放镰刀、搓衣板和黄油搅拌机之类的东西。事实上，这样的博物馆有时的确也有这些东西。但博物馆的馆长颇为明智，知道博物馆不能样样东西都收存以作永久展品。在北卡罗来纳州的威明顿市，我正好在这样的地方博物馆做过档案保管员。我每天的工作就是整理一盒又一盒的捐赠文档，把黑白照片放到聚酯薄膜袋子中，用铅笔在无酸文件夹上面写好标签，这样其他工作人员就知道里面装的是什么。个人手工品和纪念品有重要的文化意义，这一点我完全赞同。但是，博物馆馆长还是会根据年代、出处、是否罕见和保存状况这些标准谨慎地选择展品。在选择家传物品的时候，我们也应该秉承同样的态度。

处理家传的东西特别麻烦，一部分原因是我们的情感和这些东西交织在一起。这个时候我们就需要以博物馆馆长为范例。馆长知道，一个东西是否有价值，更重要的是其背后

第一章　清理杂物　　　　　　　　　　　　　　　　29

这个灯台是用水晶烛台做成的，烛台是 20 世纪某个时期的产物。我小时候起它就在我的卧室里，在那之前摆放在我外婆的卧室里。

这个电话桌是家里传下来的家具。原来漆面是深棕色的，色调上与我们其他家具不协调。我们给它刷上一层灰色的面漆，问题就解决了。

的故事，而非材质贵重与否。一个圆桌腿只不过是一块木头，但如果是齐本德尔[1]参与了制作，这块木头突然就有了与众不同的价值。同样的道理，一顶破烂的大礼帽只是一件过时的男士服饰，如果它曾经戴在总统头上，那就不一样了。我并不是说每人都能拥有一件可以收入博物馆的罕见美国文物，而是说这两个例子背后的道理应该铭记在心。这件家传物品的背后有没有值得一讲的故事？你也许得到了一件非常普通的富美家[2]胶板桌子，购置于20世纪中期的梅西百货[3]，其设计、材质和状况都没有出色之处。可是，你外婆每个星期天都在这张桌子上制作烤肉。毫无疑问，这张桌子虽然不怎么值钱，但对你个人而言非常有意义。

是不是你外婆家里所有的东西对你都意义重大呢？在你回答这个问题之前，思考一下博物馆的馆长不需要关注的因素：这东西有用吗？毕竟，我们的家不是博物馆。家是务实的，在家里，我们常常都在愉快地做事情，有时也要干些重活。你的家需不需要这款富美家的桌子呢？你准备运到私人仓库或是堆放在地下室？你是不是已经有了一张喜欢的桌子？家人可不可以用这张桌子就餐呢，或是下午孩子做功课，或是晚上包装礼物？如果是，就留下吧。如果没有这些用途，而你又打算留在家里"以后再用"，请一定三思而后行。

处理家传物品时，我喜欢问自己这几个问题：它有用吗？我喜欢吗？它能填补空缺吗？如果这三个问题都得到了肯定的回答，我就会留下这件东西，好好利用。如果我不喜欢这件东西，不知道该怎么用，或者只是不需要这件东西，我就留下与这件东西相关的记忆和故事，而把这件东西送出家门。

1　齐本德尔，18世纪英国家具设计家。
2　富美家，美国注册商标，也译为福米卡。
3　Macy's，美国的连锁百货公司。

第一章　清理杂物

做起来困难吗？是的。想要家里保持清爽，就必须这样做吗？是的。

关于价值，我还有一点说明：我们大多数人都不是物质文化专家或是古董评定家。有些东西并没有什么价值，而我们却容易在上面加上自己的想象。我们看"巡回鉴宝"这样的节目，心中总是不由得多了一丝担忧或兴奋，想着自己屁股下面坐着的或许就是一件稀世珍宝，但事实往往相反。如果你觉得自己手里的东西价值不菲，请一定想办法鉴定一下。如果你只是想当然地认为某件东西"可能"值钱就放在家里，你的理由很有可能站不住脚。

我大伯家里就有这么一件东西。家里人认为这件藤条的门廊家具是他们的曾祖父母环游世界时在澳大利亚买下的探险纪念品。进一步调查后，大家发现不过是在爱荷华州的西尔斯[1]百货商店买的，一瞬间就觉得没有太大的必要保留这件家具，值得纪念的反倒是这个故事。

---

[1] 西尔斯百货 (Sears) 由理查德·西尔斯于 1884 年创建，后于 2005 年被美国凯马特并购。

捐赠指南

于是你现在装满了一袋袋你不再需要的东西,但这些东西对别人来说可能会非常有用。该如何捐赠呢?

书籍

像"救世军"[1]和"好意"[2]这样的大型慈善机构接受图书捐赠。图书馆经常会举行"图书馆之友"售书活动,也会接受捐赠,你可以在当地图书馆查询更多相关信息。也有一些很好的非营利组织致力于图书的收集和分发:Books for Africa(booksforafrica.org)为非洲的小学和中学收集资料书和课本;机构 Books Through Bars(booksthroughbars.org)收集书籍,然后再分发给监狱里的服役人员;还有 Books for Soldiers(booksforsoldiers.com)为海外的美国军人收集书籍。不要忘了,每个团体的服务对象都不一样,请在捐赠书籍之前仔细阅读他们的捐赠指南。

衣物

好的衣物可以捐赠给当地的旧货店或像"救世军"和"好

---

[1] 救世军(The Salvation Army)是一个于1865年成立,以军队形式作为其架构和行政方针,并以基督教作为信仰基本的国际性宗教及慈善公益组织,以街头布道和慈善活动、社会服务著称。
[2] 好意(Goodwill)公司成立于1902年,如今已发展成为价值40亿美元的非营利慈善组织,其分支机构遍布全美各地,甚至一跃进入美国15家顶级折扣零售商行列。

第一章　清理杂物　　　　　　　　　　　　　　　　　　　　　　33

意"这样的全国慈善组织。大一点的城市里，农夫市场里有时会有衣物捐赠箱，教区的停车场也会有，擦亮眼睛找找看。也可以考虑购买自始至终坚持环保回收政策服装公司的产品，比如说巴塔哥尼亚[1]，这家公司会修补破损的衣物，接收完全不能使用的衣物，并进行环保回收。

电子产品

电子产品里面全是些不应该进入垃圾掩埋场的东西（铅、镉、水银、镍，这只是其中几项）。许多城市都有电子产品回收项目，你最好是通过市政网站来查找当地的回收地点。像Call2recycle[2]（call2recycle.org）和Eearth911[3]（earth911.com）这样的网站使用更为便利，能够帮助你找到处理电子产品的最佳方式。正如上文提到过的，许多制造商都会接受旧的或是坏掉的产品，比如说苹果公司。

家里存放的书基本上都是我们真正喜爱的。其他类型的书怎么办呢？要么从图书馆借阅，要么阅读后捐赠。我们正好有个邻居留出了一个角落来分享书籍，谁要是有不要的书就放在那里，有需要的人可以随意取阅。

1　巴塔哥尼亚，顶级户外奢侈品牌，全球功能与生活方式服饰的设计和营销的全球领导者，一直致力于引领环境意识型和创新式户外功能产品以及制造技术的开发。
2　美国的一个收集充电电池和手机的环保项目，启动于1996年。
3　环保指南，指引人们如何回收、如何预防污染、如何为环保出力等。

什么是必需的？
这里有一份实用清单

普通人家里保存的纸质文档的清单该有多长？粗略想来，这份清单挺长的，但思忖过后，我们就会发现其实用不了这么多东西。我们的这个时代，大多数文档都数字化了，哪里还需要囤积这么多纸质的东西呢。我给大家一份简便易行的指南：

不能数字化的东西：
- 出生证明
- 结婚证
- 护照
- 社保卡

可以数字化的东西：
- 银行对账单
- 账单
- 医疗记录
- 工资存根
- 收据发票
- 纳税申报单
- 税单

第一章 清理杂物　　　　　　　　　　　　　　　　　　　35

你可能保存了一些并不需要保存的东西：
- 一盒又一盒的过期支票
- 过期的保单
- 东西已经不在了（或是你已经知道怎么使用了）的使用手册
- 纳税申报单（每年对照过税单之后，就应该粉碎销毁）

只占用一小块地方的一个小文件盒就能装下我们所需要保存的必要文件。其他的东西都应该扔掉或是数字化保存。

02: Simplifying

第二章

简　单

> 无论如何实践，我都无法喜欢那些纷繁复杂的生活方式。我总是尽可能脚踏实地地生活。
> ——亨利·戴维·梭罗[1]

如何简化如此纷杂的世界呢？这个世界里，各种厨房用具闪光锃亮，嘎吱作响；食物里各种配料多得离奇；我们的衣服环球一周，然后才在我们的衣橱里安家落户。我们怎么才能做到简单呢？从哪里着手呢？如果要这样做，生活会因此而不同吗？

为了寻找答案，我觉得有必要回过头看一看首位提倡简单生活的追寻者——亨利·戴维·梭罗。梭罗的家乡在马萨诸塞州的康科德，面对家乡快速的工业化，他决定暂时远离这一切。他写下了著名的一段话：

"我想慎重地生活，于是我来到了树林中，来面对生命中最基本的事实，我想看自己是否能够领悟生命的意义。等到我离开人世的那一天，我想要知道自己曾经活过。我想要过真正的生活，生命是如此宝贵；不到万不得已，我并不想离群索居。我想要认真地生活，吸取生命的精华，我想要坚定清苦地生活，想要击退所有并非生活的东西，摒弃所有的浮夸，将生活浓缩到最基本的需求。"[2]

梭罗想要追求简单的生活，决定离开以前的生活。他在树林里修建了一个小木屋，在瓦尔登湖的周围留下了徘徊的

---

[1] 亨利·戴维·梭罗（Henry David Thoreau, 1817—1862），美国作家、哲学家，超验主义代表人物，也是一位废奴主义者及自然主义者，有无政府主义倾向。
[2] 亨利·戴维·梭罗，《瓦尔登湖》。

第二章 简单　　　　　　　　　　　　　　　　　　　　　　　39

脚步。他留下了大量的笔记，里面有详细的植物花开日期，还有很多其他的自然现象。他更多地是在用心思索人生。

之后150年的时间里，批评家们指出梭罗有时也离开了那片树林。他们觉得梭罗在康科德树林边上的所作所为就像一个小孩子，拿了一块大手帕扎个了包裹，挑在棍子上，离家出走……来到了家里车道的出口处。没错，梭罗到树林里去探索生命的本质，但当他需要活得舒适时，他就毫不犹豫地直奔朋友拉尔夫·沃尔多·爱默生[1]的餐桌，在城市中心饕餮一顿。

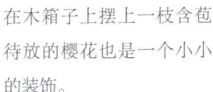

在木箱子上摆上一枝含苞待放的樱花也是一个小小的装饰。

---

[1] 拉尔夫·沃尔多·爱默生（Ralph Waldo Emerson，1803—1882），生于波士顿。美国思想家、文学家，诗人，确立美国文化精神的代表人物。

在我看来，梭罗言行上的差异并没有什么不妥，也不是虚伪。我觉得这是一种榜样。我们每个人都可以寻求一种更为简单的做事方式。我们并不需要为此而放弃自己熟悉的生活。正如沃尔特·惠特曼[1]会赞同的那样，我们大可放心地自相矛盾："我包罗万象。"我们可以选择用法式压滤壶冲泡咖啡（不用电！不用便宜货！），第二天抱着电脑跨越重洋与人交流。没错，我们生活中有些纷杂的元素，但这并不意味着我们日常生活中每一个元素都必须如此。我们需要选择。

现代的方便与不方便

在我看来，想要简单生活，就要重新定义"方便"这个词。

在我的日常生活中，一些事情可能就称不上"方便"。我女儿用的是尿布；我用的是抹布而非纸巾；出门我就拎着一个不锈钢水杯，还带着环保布袋。我当然还有更方便的选择。但在上述的几个例子当中，如果要做其他的选择，就是选择一次性用品。纸尿裤、纸巾、塑料袋和纸杯——所有的这些东西最后都到了垃圾掩埋场，也就是眼不见心不烦的地方，但这些东西对环境都有影响。

我不是勒德分子[2]，也不是圣人。我也用智能手机，或许放在衣服口袋里，或许放在我随身携带的手袋里。我也用手机叫过外卖寿司，而送来的寿司就是装在一次性餐具里的。我也有忘了带环保袋的时候，有时也会在12月吃草莓。我也没有掌握只用苹果醋酸洗头发的技能。我的书要分享的并不是

1　沃尔特·惠特曼（Walt Whitman，1819—1892），生于纽约州长岛。美国著名诗人、人文主义者，创造了诗歌的自由体，代表作品有诗集《草叶集》。
2　勒德分子是指在19世纪英国工业革命时期，因机器代替了人力而失业的技术工人。他们反对机器，捣毁机器。现在引申为持有反机械化以及反自动化观点的人。

第二章 简单

已臻完美的自己,我也还处在学习进步中。

事实就是:你使用纸巾的习惯不会导致环境末日。不用纸巾,避免使用塑料袋,这都是好的,但仅仅这样是不够的。我们需要政策,我们需要政治家和科学家携手工作。我们需要范式的转变。虽然这些还没有成为现实,可我们也并非束手无策。我认为,只要我们每个人的行为都发生改变,最终就会铸就不一样的世界。

不要再说我了,还是谈谈我爸爸好了。我爸爸是一位墨守成规的人。他总是一早起来,先煮一杯咖啡,之后阅读《纽约时报》,然后就一头扎进办公室。工作几小时后,他去厨房用纸盘给自己做一份烤面包加花生酱,用纸盘。或者应该说,他以前是这样的。

我把不能再穿的棉质旧T恤剪成抹布。

纽约有些绿色市场[1]接受厨余垃圾以及咖啡渣、茶包、鸡蛋壳、鲜花干花和室内盆栽这样的有机垃圾。在你居住的城市，你可以在当地农夫市场、社区园林或市政垃圾转运站找到这样的公共堆肥地点。

  小时候在家里我们不怎么用纸盘子，但家里总有一摞这样的东西，为的是万一朋友来访或野餐的时候带出去用。我爸爸顺手用的正是这一摞盘子。不过，这个习惯很好纠正：我父母不再购买纸盘。就这么简单。

  事实上，改正使用纸盘的习惯真是特别简单。你肯定有一厨柜的盘子，只不过这些盘子需要清洗。用这些盘子就好了。处理掉已有的纸盘，或把剩下的纸盘放进野餐篮子里——也只有野餐的时候才真正用得上纸盘子。也许你也会像我爸爸一样，因为突然少了一个选择而有怨言，毕竟纸盘只消扔进垃圾袋而非洗碗机。但过了一两天后，这个小小的伤口就会不治而愈。

1　纽约的绿色市场创立于1976年，是一个露天农贸市场。既是为了促进当地农业，也是为了满足纽约市民有新鲜食物的供给。

第二章 简　单

纸碗也是这样。只要你有碗可用，就没必要用纸碗。

在我家里，有一个篮子里装满了抹布。我建议至少保存20块抹布。每次用完抹布后，我们会冲洗、拧干、晾晒，等到晾干了，我们就把它塞进一个盒子里，到了每周大清洁的时候再仔细清洗这些抹布。只要养成了习惯，一切都很顺手自然。

对于这些清洁措施，我们的容忍程度都不同。我想，关键在于突破你的舒适区。如果你觉得只能用纸巾给你的小婴儿擦拭脸颊上的鳄梨果酱，那就试一试一个月不用纸巾，然后再想一想每天你减少了多少垃圾。

事实上，我在日常生活中加入的这些"不方便"到最后都变成了"方便"。事实上，这些措施更方便，更简单，更环保。

再举一个堆肥的例子。我和詹姆斯搬到布鲁克林之后，就开始堆肥了。这听起来还真是有些奇特，我们搬到了纽约城，反倒开始利用厨余垃圾了。这正是因为纽约的绿色市场推出了强大的收集服务。堆肥变得如此简单，不这样做反倒变成了麻烦。

厨余垃圾用于堆肥，好处有两点：一是变废为宝，二是减少恶臭的垃圾。（你也可以像我们这样，只需要收集厨余垃圾，再交给别人来堆肥。）城市公寓里厨房空间非常小，勉强可以容下一个垃圾桶，只要在垃圾桶里放进几块洋葱皮，整个房间的气味都会变得很难闻。我们不愿意守着一个散发着异味的垃圾桶，所以我们在冰箱里放了一个有盖子的塑料桶。我们把胡萝卜缨子、草莓花萼还有咖啡渣装在里面。厨余垃圾放在冰箱里，整整一周的时间也不会有异味。到了周末，我们就带上塑料桶来到农夫市场。倒掉厨余垃圾，洗干净塑料桶，又开始了新一周的收集。这样一来，我就能在水池下放上一个小号垃圾桶，这样小小的厨房可利用的空间也就多一些。由于垃圾桶小，还随时能意识到垃圾的存在，如果倒垃圾太频繁，我就更容易注意到家里有什么垃圾。

再举一个例子。夏天，我们选择不要空调。这听起来有些疯狂，纽约的夏天可不凉快。可这也有好处，不买空调机也就不用考虑空调季过后该如何存放空调[1]。而且我们公寓本来窗户就少，也不愿用一台巨大的空调把窗户堵上。7月到了，并没有产生高额的电费。看起来是不方便，可最后也没怎么不方便。

物品

在我家，我特地选择简单的物品，从用具到床单，我都选简单的，越是常用的东西越要简单，比如说开瓶器、咖啡机、开罐器，越简单越好。这些东西都有电动版的，但我特地选择了更为简单的，这样就节省了更多的空间，使用的时候也更为简便。

以早餐咖啡为例。有些咖啡机可以定时，晚上定好时间，早上就可以喝咖啡了。还有些咖啡机上有好多按钮、刻度盘以及各种神秘的附加功能，简直比飞行汽车还要复杂。但我还是喜欢简洁的法式压滤壶。法式压滤壶由玻璃、金属和滤网构成，本身就很简洁大方。这个设计已经存在将近100年的时间，不需要任何改善或是创新。它既不会冲着我发出哔哔的声音，也不会亮瞎我的眼。它不需要电源，放在厨房台面上也不怎么占空间。它不是一件尤物，但也非常耐看。它自动冲泡咖啡？不，用它冲泡咖啡是放松时刻。我睡眼惺忪地站在橱柜旁，看着炉火舔着水壶，这正是我慢慢清醒的过

---

[1] 在美国，如果房子没有提供中央空调，住客是可以安装空调的，但房子墙体不可以随意打洞，所以只能考虑窗户安装。空调不用的时候，也就有了存放的问题。

第二章 简单

程。水开了,我把热水倒进新碾磨的咖啡中。听着水汩汩地倒入咖啡壶,看着咖啡末浮上来,如果不着急做其他的事情,我就会在那里多站一会儿,看着咖啡末又沉下去,就像是在跳芭蕾舞。几分钟后,一杯热气腾腾的浓郁咖啡就冲泡好了,上面还有一点点巧克力颜色的泡沫。

清晨,用简单的白色马克杯喝一杯咖啡,我乐此不疲。

我们的开瓶器也很简单。那是我买给詹姆斯的礼物,由不锈钢和橄榄木制成,产自法国。当时我还在法国,我们还没有租下公寓。现在我们已经搬了5次家,这个开瓶器用起来还是那么利落。

我对家里的东西没有感情?当然不是。事实上,我对家里每件东西都怀有一种敬意。它们都是经过精挑细选的。每当我要给家里添置一件新东西的时候,我首先考虑美观,其次考虑实用与否，再考虑是否耐用。我最喜欢那种有着永恒之美的物品，比如说：一套亚麻餐巾，简单的白色盘子，还有木制勺子。

　　当然，有时科技进步的确简化了我们的生活。我们的音响配有蓝牙，能够播放电脑或手机里的音乐，这一来我们就不用到处布线了。尽管是数字化的音乐，但也可以在立体音响上播放。虽然如此，我们还是选择了一款设计经典，简约雅致的机型。

这款设计美观复古的电扇是我们结婚后的一次小小挥霍。现在常年摆在我们床尾的柜子上，临时充当烘干机吹一吹孩子的湿袜子，或给睡觉的婴儿充当消声器。

第二章 简 单

结婚礼物清单

想当年,我妈妈还会在商场里仔细地挑选瓷器。几十年过去了,结婚礼物清单上罗列的东西已经发生了巨大的变化。如今这份单子已经不再局限于瓷器和银器,上面可以罗列出各种能够登堂入室的家用产品。礼单不再局限于瓷器和银器,这一情况经常被看作是一种从因循守旧到实用主义的转变。随着家庭成员的增多,我们摆在餐桌上的是更为简单而且耐用的餐具,那为什么要让参加婚礼的客人买那些昂贵正式、最后却放在橱柜里不用的餐具呢?日常使用的都是不锈钢刀叉和勺子,为什么要有10套纯银餐具呢?这些观点我都同意。

然而,在这一转换过程中是不是丢失了什么呢?礼品清单上没有了银器和瓷器,新人们却在上面罗列出各种各样他们希望用到的厨房、卧室和浴室用品。没错,礼品清单的用途就在于此。大型商店里,训练有素的导购引导新人在礼品清单上罗列出所有部门的产品而非精选商品。新人们的清单上有料理机、搅拌机、电动搅拌钵这样的高价物品,也有各种各样的小物件。在很多大型商店,顾客可以手持扫描仪在货架之间来回走动,只需扫描物品,就能把这些东西加到礼品清单当中。

我们家的简单盘子。

这样的体系鼓励乃至刺激人们刷卡消费而非精挑细选。这样一来，清单上满是新人们不会用的也不会喜欢的东西，这也不足为奇。

新人们对准备礼物清单的态度发生了变化。他们不再想得到伴随一生的物品，很大程度上新人们在利用这次机会尽可能多要些东西。新人在清单上列出了价格适中的物件，因为他们听说清单上需要有各种价位的东西。新人们在清单上列出了昂贵的物件，因为他们听说这可能是一辈子只有一次的机会。

原则上，我是非常欣赏列出婚礼礼物清单这种做法的。有这么一个机会从至亲好友那里得到你非常想要的东西，这是难能可贵的。我为家里添置东西都会思量再三，我也喜欢礼物。

我在拟定自己的婚礼礼物清单时，用了网上清单服务。通过"myregistry.com"这个网站，我能从多家喜爱的商店和公司选择精心挑选过的商品，而不是在一家店一站式选择。

我结婚礼单上的瓷器是一套纯朴的简单白色盘子，产地美国，手工制作。盘子本身并不昂贵，但对我来说却是宝贝。虽然我们住的地方非常狭窄，我和詹姆斯还是在礼单上注明了是10人餐具。简直是奇迹，我们把这套餐具从箱子里取出来时，发现它们非常适合我们的小公寓。我们把以前的餐具装进盒子，送给了我的小妹妹们，她们有了自己的第一套公寓。

除了这套盘子，我们还在礼单上列出了餐巾、餐具、珐琅铸铁荷兰炖锅，改良过的厚底平底锅，另外还有几样经典的厨房用具。这些都是我知道我们会用得上而且不会厌倦的东西。总的来说，我们选择了耐看的原创设计物品。礼单上还有一把金属冰激凌勺子，一把简单的披萨切刀，一套简单的洗碗巾——奶油底色，配上一道深蓝色的条纹。这些东西

第二章 简　单

都通过了时间的考验，并不跟随潮流。

诚然，我们的清单不完美。我们清单上的刀叉非常漂亮，但不怎么实用，它们很占用空间，而且不能用洗碗机，要手洗。后来，我也不喜欢那口荷兰炖锅的颜色了。但清单上的大多数东西都是我们确定要用一辈子的，我们想要把收到的礼物真正地用起来。

对于已有的非常实用的东西，我们没有在清单中列出，我们并不想用新款替换旧款。我们的黄色立式搅拌机，以前是詹姆斯妈妈的东西，已经掉漆了，但我们保留了这件古老的电器。结婚礼物清单上没法承载家庭故事，但我们却以这样的方式办到了。

最重要的是，在踏入婚姻殿堂的那一刻，我觉得最甜蜜的事情之一就是在清单上列出可以经历未来几十年潮流纷杂变化考验的物品。其实，我们对婚姻也抱着同样的希望。

无论你是不是准备结婚，都可以看一看我下文列出的基本物品清单。无论小房子还是大房子，这些东西都派得上用场。

用了差不多 40 年，这件立式搅拌器依然非常坚固。

厨房必需品

白色盘子：白色盘子就是瓷器当中的"小黑裙"。浓妆淡抹总相宜，永远都不会过时。正如经典小黑裙一样：选择自己中意的款式，质地要耐用，稍许点缀。我们选择了手工制作的奶油白色釉面。

简单的玻璃杯：法国经典的多莱斯[1]玻璃杯既耐用，又实用，而且不贵。无论是水、果汁，还是葡萄酒和咖啡，我们都用这种杯子。对于蹒跚学步的孩子，他们的小手正好握得住最小号的杯子。

餐具：不锈钢或是银质餐具都是不错的选择。即使用不了几个世纪，至少也能用几十年，而且两者都可以进洗碗机。我们有一套非常漂亮的不锈钢—木制手柄餐具，用洗碗机清洗就会减少使用寿命。如果重新选择一次，我可能会选一套每天都能使用而且不需要特别处理的古董银餐具。但是，起决定因素的并不总是实用性。

铸铁平底锅：铸铁平底锅如果养得好，就是一口不粘锅，是铁元素的一大来源，而且还是炉灶用具的中流砥柱。古董铸铁锅的价格可能非常高昂，但好处在于已经养得非常好，锅底非常光滑。一口崭新的洛极[2]平底锅，是人人都买得起的。事实上，无论是古董锅子还是新锅子，它们的使用寿命都无限长。

不锈钢深平底锅：我们有两个深平底锅，一个容量为 4 夸脱[3]，另一个为 6 夸脱，用途非常广：烧水，煮意大利面，熬

---

1 多莱斯（DURALEX）是法国驰名的钢化玻璃餐具的代表。
2 洛极（Lodge），美国锅具品牌。
3 美制单位：美制湿量夸脱 = 32 美制液盎司 = 4 美制杯 = 946.352946 毫升；美制干量夸脱 = 1/32 蒲式耳 = 1101.220 毫升。

第二章 简　单　　　　　　　　　　　　　　　　　　　　　　　　51

酱汁，还有加热剩菜。

铸铁荷兰炖锅：在一锅煮的领域，绝对没有能超过经典珐

样式简单的多莱斯平底酒杯既可以用来喝水，也可以用来饮葡萄酒，坚固而实用。

琅荷兰炖锅的神器。无论是二手的还是崭新的炖锅，它们都是一样棒。我们的荷兰炖锅用来炖汤、熬辣酱，还可以烤面包。紧要关头，还可以充当冰桶，甚至是给婴儿洗澡呢。

砧板：你只需要一块光滑干净的薄型木制砧板。

刀具：真正的极简主义者在厨房里只需要一两把好刀。我们有一把非常中意的 5 英寸三德刀[1]，但我并不直接推荐这种刀。我建议你到家附近的厨具商店试一试，挑选一把最顺手的刀具。为了节省操作台的空间，也为了避免刀具受损，我们用的是固定在墙面上的磁力刀架。

Microplane[2] 擦板：我一直都在期待 Microplane 能够上市一款有着美丽木柄的擦板。擦板在厨房有用武之地，占用不了多大空间，可以用来擦柠檬皮，还可以搓碎干酪。

不锈钢烤盘：我们的公寓烤箱太小，只能容下小尺寸的烤盘。无论烤盘的大小如何，我最看好的还是没有涂层的不锈钢烤盘。无论是烤蔬菜，还是烘焙曲奇，这种烤盘都能胜任。使用时稍加小心，这种烤盘就不会变形。日常的刮痕、裂纹和磨损反倒给它们增添了韵味。

量杯和量勺：有些东西的制作的确需要精确一点。我们有一个湿量杯和一套干量杯，另外还有一套量勺，都是不锈钢材质，实用而坚固。（如果空间实在有限，也可以用 8 盎司的梅森玻璃瓶代替湿量杯。）

搅拌钵：钢化玻璃也好，不锈钢也好，炻器也好，一套结实耐用的搅拌钵适用于准备各种食谱。如果足够赏心悦目，还能当作上菜碗来使用。

---

1 三德刀（Santoku），日系刀具的一种。三德取三种美德之意，即切片、切丁和剁碎，对食材的适用性很强。
2 Microplane，美国注册品牌，生产各种擦板、刨刀等工具。

第二章 简　单

有毒物

"天然"这个词频频现身，但到底指的是什么呢？什么都不是，抑或什么都是。"天然"这个标签并不是什么官方认证，更像是销售噱头。一些显然是非天然的东西都贴上了天然的标签。是不是所有来自地球母亲的东西本质上都对我们有益呢？并非如此。铅和硫这两种元素都出现在元素周期表，但我可不建议你舔舐铅块或是在硫磺里洗澡。

与其试图明辨每件东西是否安全，还不如学鸵鸟把头埋在沙子里呢。生活中到处都是紧张的空气，到处都是互为矛盾的数据，到处都是漂绿的行为——那种将不自然环保伪装成自然环保的技艺。事实上，在这片嘈杂中，我们还是可以分辨一些事实的。这种情况下，无知并不能给我们带来快乐。怎么解决这个问题呢？很简单，那就是不要用。

以塑料为例。环顾四周，到处都有塑料存在。商店的货架上满是塑料，我们很环保地把塑料放在可回收垃圾箱，其中有些塑料真的得到了再次利用。与最初生产的这些塑料相比，循环利用这些塑料耗费的资源是不是要少一些呢？事实上，两者相差无几。

我和詹姆斯搬到第一个公寓时，人们正好开始关注塑料、双酚 A 以及两者的害处。于是我们不再用塑料水杯，改用不锈钢水杯，还买了玻璃容器来储存食物。我们尽可能地避免使用一次性塑料制品，不仅如此，我们还选择木头或不锈钢制品来替代塑料材质的各种工具、用具和厨房用品。

我们这样是因为生活中存在有害的塑料、非常有害的塑料以及不可回收的塑料。几年前，双酚 A 备受青睐，当时大家都觉得双酚 A 的塑料水杯最讨人喜爱。双酚 A 是一种类似于雌性激素的内分泌干扰素，用于铝罐的边缘以及婴儿水杯和瓶盖一类的硬塑料制品。双酚 A 能从塑料中渗透出来，通过食物进入我们的身体。底部有数字"3"或"7"的塑料制品最有可能含有双酚 A，只要可能就应该避免此类商品。

但事情没有这么简单。在大家关切的目光下，不含双酚 A 的塑料制品应运而生。它们的确不含双酚 A，却含有其他类型的内分泌干扰素，这同样有害。想学鸵鸟了？我也想。

还是不要学鸵鸟为好，我们应该改掉坏习惯。你很难在生活中完全避免塑料制品，可是大大减低自己对它的依赖呢？很容易，而且很快就能做到。

| 避免使用塑料

- 购买散装干货，装在环保袋里拿回家。
- 使用不锈钢或是陶瓷的马克杯。
- 选择木头和不锈钢的用具。
- 拒绝塑料瓶；携带装满水的不锈钢水瓶。
- 去食品店和农夫市场购物时，带上环保袋或是篮子。
- 选择纸质包装而非塑料包装的商品。
- 在当地购物，避免运输途中使用塑料包装。

关于装饰材料，下文会有更为详尽的讨论。在我看来，大家应该努力达到的标准就是尽量使用简单的材质，比如说木头、钢材，还有像羊毛、亚麻和棉花这样的纤维。

队友

若要追求简单生活，就需要队友。你选择了简单生活，就需要有人和你一起并肩战斗。你的队友要明白你为什么想要摒弃生活中多余的东西，而且还能督促你、给你建议，让你朝着正确的方向前进。我们有太多的选择，我们的队友要能够助我们一臂之力。

第二章 简　单　　　　　　　　　　　55

结婚的时候，有人送给我们一套漂亮的亚麻餐巾。亚麻餐巾有时并不讨人喜欢，人们觉得这种餐巾不好对付，我倒是觉得亚麻餐巾越用越柔软，这一点挺好。除非有什么特别的场合，否则我是不会熨烫它们的。

如今很多标准厨房用具都是塑料制品。不锈钢用品的木制手柄只要用蜂蜡和椰子油好好养护，就能展现出美妙的质感，完胜那些塑料制品。

我的队友可谓五花八门。有时，队友是我姐姐，她挑战我改掉旧习，或督促我养成新习惯。有时，队友是一部纪录片或一篇杂志文章，鼓舞了我的士气，让我敢于反其道而行之。我的队友当然有写书的作家，也有商人——那些在市场上出售自家农产品的农场主——还有那些用心销售产品的小老板。

最初在北卡罗来纳州城里住了几个月后，我和詹姆斯在一个僻静的地方发现了一家食品合作社。我们正在思考家里要吃什么样的食物，要用什么样的产品，这家店对我们而言就像小小的绿洲。

在发现这家店之前，我开玩笑说自己都快有购物麻痹症了。走进一家常规的食品店，我往购物车里一件件地装东西，然后打量这些东西，把自己觉得有问题的商品圈点出来。这个装西红柿的罐头可能用了双酚A。包裹这些蘑菇的保鲜膜是不能降解的。这种芹菜在生长过程中肯定使用了大量的杀虫剂。于是，我就在店里兜上一圈，像个十足的怪胎，把东西一样样送回原位。在食品合作社，我更加肯定自己的选择，部分原因就是店家已经帮我选择过了。

在我们居住过的城市，我和詹姆斯都在当地的天然食品店和合作食品店找到了类似的队友。这些商店已经在购买和销售环节帮我们做出了选择，我们不用陷在选择的泥沼里苦苦挣扎。这些都是卖散装货的地方，香草、茶、全谷物，还有干果，所有的东西都是散装出售；这里可以灌装洗涤用品、橄榄油和枫糖浆，还支持用玻璃瓶换牛奶和啤酒。如果我们没有时间或没有精力走自给自足的路线，在这些地方就能轻松找到其他人生产的良心产品。

过去一两年的时间里，我在网店也找到了队友，他们的商品耐用、实用并且美观。没错，其中一些东西归根结底也只是为了消费。我现在不需要买什么漂亮的粗陶花盆，但知道有这么一个店，到真正要买这东西的时候就方便了。网上有很多店家在卖别人生产的东西，这很不错。网络给所有人提供了直接出售自己东西的平台，这就更棒了。有人自己制作东西在网上出售，我买了他们的东西，这种消费带来的不仅仅是自我满足感。我不仅是在消费，也是在支持别人，这足以让我感到自豪。

家里到底该添置什么东西、该做什么样的决定，你需要队友。找到志同道合的人，与他们携手同进吧。

赏心悦目的凌乱

不是每件东西都可以收纳起来的。一眼看去，总能看到乱糟糟的东西。我的一个朋友曾经开玩笑说，在我眼里，如果房间地板上扔了一只袜子，我也会说房间乱糟糟的。我懂的。撇开挑剔的个人习惯，我还真是找到了衡量新买的东西是否多余的方法。随意放置这件东西，看看这件东西到底是赏心悦目，还是成了眼中钉。

看到这里，你肯定是在翻白眼了吧？请暂且忍耐一下。你的生活空间，当然是你做主。我这个想法实在是比较激进，很多人都不愿意采纳。但想象一下吧，家里每一件东西都是那么地赏心悦目，沙发毯、玩具、书、海绵块、燕麦食品盒，磨牙棒、太阳帽、野餐冷藏箱，所有的东西，样样都是那么漂亮。是的，在考虑其他因素之前，我首先考虑了美观性。本末倒置？浪费时间？其实这是考虑周到。购物的关键在于深思熟虑，忌讳不假思索。没错，有些东西是因为需要才购买的。但我坚持认为，我们应该为了审美需求，有更多的选择。很多时候，如果我买不起最美的那一款，我就选择不买。

我的建议是：你的生活空间里应该摆放美丽的东西。即使乱糟糟的时候，你会依然觉得生活是如此美丽。

关于婴儿

婴儿降生后需要多少东西？这份清单几乎没有尽头，而且很多这类分享的来源还颇为可靠。十月怀胎很艰难；带孩子，照顾孩子，喂养孩子，还得忙里偷闲找到属于自己的片刻安宁那就更艰难了。这么艰难，我们当然想要寻找答案，想要让养育孩子轻松一些。一夜未眠，第二天我们发现安慰奶嘴、收音机或某款棉绒睡衣改变了一切时，当然想站在屋顶上嚷嚷得全世界都知道。我们当然应该分享，但在接受他人建议时，我们应该持保留的态度，这一点也很重要。

没有任何一件单品能够让照顾婴儿变得简单易行。那什么东西能使其变得简单些呢？这完全取决于你宝贝的具体情况、你的家庭以及你的空间。

怀上女儿后，我们搬到了大一点的公寓。我们已经坚定地要去过简单的生活，心里清楚只有一间卧室的公寓也能行得通。我很清楚我们不会花钱购置幼儿护栏、摇椅等等所谓

法耶出生之前，我找来了自己小时候用过的抽屉柜，给它刷上了白漆，加上了新手柄。

法耶长到四个月，婴儿摇篮里装不下了，我们就在卧室里添置了一张简单的婴儿床。

的婴儿必需品。孩子出生前，我们几乎没有添置什么东西。法耶出生前，我们给她弄了一个睡觉的摇篮。我父母在20世纪80年代买的一个抽屉柜很受我们欢迎。我们四姐妹孩提时都用过这个柜子，如今又送给了我的侄子。我把柜子刷上了白漆，用皮革做了新的抽屉把手。这个柜子既可以用作更衣，又能存放尿布和小衣服。看到它，我就会想起半夜起来换尿布的情景，还有无数其他的场景。后来，我们买了一个简单的婴儿床和一个二手的环保床垫。孩子的木头高脚椅是詹姆斯小时候用过的，他父母一直收在他们家的阁楼上。至于其他东西，我们决定省掉，不用。

简化婴儿用品

无论是婴儿秋千还是婴儿摇椅，我们都没能选到既好看又实惠的，干脆就没有买。这样的东西只能用上短短的一两个月或者几周而已。我们在家时，用婴儿背带或吊带把她挂在身上；放下她时，就把她放在铺有羊羔皮的摇篮里。哺乳时，我就让法耶靠在靠枕上，没有购买专门的哺乳枕头。我自己做了一个婴儿健身游戏毯：木头钉子固定的三脚架上挂了几个木头吊环。我用一块柔软的地毯布置了一处温馨的角落，让法耶"趴着玩"，没有购买专门的垫子。等到她出牙的时候，我们听从了保姆的建议，喂她吃冷冻的蓝莓，还在冰箱里冷藏了一个橡皮刮刀供她磨牙。

如果你觉得玲琅满目的婴儿用品让人无从选择，干脆就不选择好了。暂且收手，看自己最后到底需要什么，怎么也要胜过提前买好很多东西。（如果你碰上一位友好的邻居，想要把没用过的婴儿用品悉数相送，你完全可以婉言谢绝。）

我自己的经验就是：宝贝在几个月大的时候，喜好、习惯变化得很快。等我觉得也许秋千或摇椅会有用时，她已经开始了不一样的睡眠节奏，开始用新的方式探索我们的公寓，

第二章 简 单

在法耶衣柜前的一套手绘木块。

突然对我们家的勺子、书或者漏勺大感兴趣。她玩得不亦乐乎,我们完全不用给她买什么新东西。在我看来,东西少,养孩子轻松些。我从来没有觉得婴儿用品压得我喘不过气来,因为我本来就没有买过多少。

我们决定不举行宝宝派对[1],部分原因是我想把家里婴儿用品的数量控制在最低限度。母亲再三督促下,我凑了一份简单的礼品清单,收到了我本就看上了的几件东西。它们大多数是可爱的婴儿衣服,还有就是贵一点的东西,比如说朋友家人们凑钱为我买下的婴儿背带和婴儿车。

---

1 孩子出生前举办的派对,参加派对的人会赠送婴儿用品。

| 极简主义的婴儿玩具

我在前文提到的洛杉矶调查指出,"每年,美国的消费者难以置信地购置了全世界40%的玩具"[1]。基于尽绵薄之力减少这一惊人的消费的愿望,同时也是为了在小小的公寓里还能保持不发疯的状态,我们最大限度地控制了法耶玩具的数量。蒙特梭利[2]和华德福[3]的教育理念关注秩序和创造性玩耍,所以我们为法耶收集了一小套简单的木头玩具、一个布偶、一个经典款的泰迪熊、一两件乐器还有一套硬板书供她白天玩耍。

我也(委婉地)告知朋友和家人我不想家里有太多的玩具,因此他们送给我们的礼物都是可爱贴心的那种,是的,数量也少。我们的居住空间很小,大家都很清楚一个小公寓里面可以塞下多少毛绒玩具,也明白一个小孩能玩多少毛绒玩具。无论你居住的空间是什么样的,只要你开始觉得东西太多,你就可以采用我们的做法:把重复多余的物件捐出去,或把一部分玩具装在空出的壁橱里,轮流玩、以后再玩。这些东西听上去就像是常识,但我真的挺喜欢心理学家金·约翰·培恩对这件事的至理之言:

在孩子的生活中,我们就是成年人。我们已长大成人。作为爱孩子的父母,我们可以帮助孩子限定他们的选择。我们不要把伪选择和丰富物质的虚假力量摆在他们面前,不要让他们不知所措,这样我们就能延展和保护他们的童年。大大小小的公司砸出数十亿美元,想要左右我们的孩子,我们

---

[1] 珍妮·E.阿诺德 等,《21世纪的居家生活:32个家庭打开房门》(洛杉矶:考斯登考古学院出版社,2012),第24页。
[2] 玛利娅·蒙特梭利(意大利语:Maria Montessori,1870—1952),意大利幼儿教育家,意大利第一位女医生,意大利第一位女医学博士,女权主义者,蒙特梭利教育法的创始人。
[3] 华德福教育主张配合人的意识发展规律,阶段性针对意识来设置教学内容,让人的身体、生命体、灵魂体和精神体都得到迎合和发展,认为人在不同的发展阶段中身体、生命体、灵魂体和精神体都扮演不同的角色。

第二章 简 单

可以说不。面对选择的权利和不知所措,我们可以说不;面对简单,我们可以说好。[1]

我们在沙发旁放了一个小架子,外加一个箱子,这样就装下了法耶最爱的玩具和书。我们也重新布置了公寓,这样她就能安全地进行各种游戏和探索。她发现了好多我们从未认为是玩具的好玩东西,也就是说,我们没有在家里堆满婴儿玩具,而是很多东西自己变成了婴儿玩具。我们的沙拉搅拌器?它给孩子带来了尽情玩耍的快乐。木头勺子和平底锅?立刻变身为击鼓。在大人的监护下,我们厨房的椅子也成了婴儿学步车。

在写下这些文字时,我们的女儿还不到一岁,她的需求还比较少。随着她逐渐长大,她需要的东西会越来越多。但我觉得东西增多的速度会比较慢,也许会比孩子长大的速度慢。即便是新手父母也知道,孩子长得很快。我希望,等她长大了,会玩具有想象力的游戏,会到外面去探索,会创作,会把自己搞得脏兮兮的。但是,此时此刻,她正在用积木和一套从橱柜里搜刮来的不锈钢量杯做着各式各样的交通工具,飞驰而行。

法耶的玩具放在了箱子里。

[1] 金·约翰·培恩,《简单做父母:用简单的力量培养更为平静、幸福和有安全感的孩子》(巴兰坦图书出版集团,平装版,2010),第60页。

新生儿必需品

大多数新生儿必需品清单长得似乎没有尽头。这份清单要短些：

纯棉连体衣：市面上有很多不同质地款式的婴儿连体衣，都非常可爱，但到目前为止，我最喜欢的还是经典白色纯棉连体衣，简单、耐洗、永远不过时、百搭。

尿布：也许你的小孩用的是纸尿裤，但也请叠好几块纯棉的尿布备用。宝贝溢奶、流口水都可以用得上，临时垫在新生儿屁股下面也是不错的选择。应该加到新生儿购物清单当中哦。

纯棉襁褓布：新式的襁褓布全都比不上经典的方形棉布襁褓布。我从姐姐那里借了一套，用处很多：天气好时推着孩子出去散步，可以放在推车上遮挡阳光；在公园，可以铺在地上；可以充当哺乳巾[1]；还可以卷起来，给新手妈妈母乳时充当靠垫。当然了，襁褓布最大的用途是裹着孩子睡觉。

羊羔皮：有一块短毛羊羔皮，使用频率颇高，我们称之为"羊羊皮"。它很容易清洗，完全可以扔进洗衣机，加上温和的"洗衣液"，洗完晾干，摸上去柔软蓬松。而且这东西舒适、天然防菌、防水（也防其他液体）。

婴儿睡篮：我们在篮子里铺上羊羔皮，白天女儿就睡在里面，头四个月时，她晚上也睡在里面。后来，我们把篮子

---

1 在公共场合母乳喂养时，哺乳巾可用于遮挡他人视线。

第二章 简　单

翻过来，法耶就在上面练习站立；刚开始学步时，她还沿着篮子底部边缘行走。现在，我们把篮子放在了长凳下，里面有个玩偶和毛绒熊。

其他物件：当然不能忘了婴儿的日用品，比如说纸尿裤和清理小屁股的毛巾或湿巾。无论是母乳喂养还是喝配方奶，宝贝们都需要奶瓶和奶嘴。母乳喂养的妈妈很有可能还需要吸奶器。无论如何最后都得要个妈咪包，但没有必要是特制的。婴儿推车是需要的，散步的时候会轻松一些。在我们家里，婴儿背带是必需品。很多东西都可以在婴儿出生后再决定购买与否。首先你要找到适合自己的节奏，然后再依照节奏来购买东西。

03: Organizing

第三章

整　理

> 我认为,简单一点是理性生活的第一步。
> ——安娜·埃莉诺·罗斯福[1]

现在你已经清理了杂物,但很有可能还有一些工作要做。

你的鞋子少了,但它们还是被扔在壁橱的地板上。你已经扔掉了有虫眼的毛衣,但剩下的毛衣还是乱七八糟地躺在搁板上。你的两个烤盘,一个也不能少,少了你就活不下去,可是一打开橱柜的门,这两个东西就会砸下来。即使东西少了,也需要整理。该怎么整理呢?

还是个孩子时,我就喜欢阅读商品目录,会仔细研读它们。有时,我和妈妈单独在一起的时候——这种情况可不多见,我们家是四姐妹——我们就会依偎在沙发上,一起看最新的商品目录,选出每页目录上我们最喜欢的东西。那些照片中拍摄的场景是那么整洁明亮,每个房间都规整有序。图片上永远没有一堆堆的垃圾邮件,没有装不下的可回收物品,也没有堆积如山的洗好了的衣服。我父母家也是比较整洁的,但就是缺少了商品目录里那种吸引我的东西。

你也许会说,真实生活和想象之间的区别就在于前者杂乱无章。你也许还会辩解说,那些时尚完美的商品目录就是想要给我们兜售一种无法企及,甚至是不舒适的完美理念。想要烘焙美味的巧克力豆曲奇,首先就要搞得一团糟。水池

---

[1] 安娜·埃莉诺·罗斯福(Anna Eleanor Roosevelt,1884—1962),美国第32任总统富兰克林·德拉诺·罗斯福的妻子,美国第一夫人,提倡女权并保护穷人。第二次世界大战后她出任美国首任驻联合国大使,并主导起草了联合国的"世界人权宣言"。女性主义者,亦大力提倡保护人权。

第三章 整 理

里有葡萄酒杯没有洗，那是因为你和朋友聊天到很晚，这很有可能是件好事。我爸爸可能会这样说：说到底，没人在意洗干净的衣服有没有叠好。

甚至还可以这样说：写出一本伟大的美国小说比整理放袜子的抽屉重要多了。（但是，对我而言，整理袜子真的能让我进入创作的工作状态。）可是，稍微关注整理一下我们称之为家的地方，最终是为了住在里面的人，也是为了给真正重要的事情节省出时间和精力。也许，更重要的是，整理好我们的生活空间，我们就从根本上创造出一个更为周全的生活空间，居住在这样的空间里，我们不会进行不必要的消费。

我自己收藏了一些玻璃瓶，摆放在橱柜的搁板上。有些玻璃瓶来自我父母家的后院，（别人眼中的垃圾可能是你眼中的宝贝，这可是终极范例。）还有一些是詹姆斯送给我的礼物。他在大学实验室工作，所谓礼物也就是实验室里淘汰掉的旧玻璃容器。这些瓶子放在紧紧关闭的橱柜门后面，但我也会留心不要收集得太多，否则不能妥当关上橱柜门。打开橱柜门，映入眼帘的玻璃瓶也是摆放整齐，不至于太拥挤。每次有了新的瓶子，我都会仔细摆放，以确保搁板整齐有序。同样的道理，我的衣橱不会满满当当地塞满衣服，浴盆旁边也不会有多余的洗发水瓶子。我觉得整洁有序非常重要，因此不会胡乱添置东西。

不仅如此。我打开橱柜门，没有看到胡乱堆放的瓶子，而是一排摆放整齐的玻璃瓶，感觉真是棒极了。我们如何建构生活空间在一定程度上决定了我们怎么看待生活，这影响到我们怎么对待生活中起起伏伏的压力。还记得加州大学洛杉矶分校的那个研究吗？东西越多，焦虑越多，幸福感越低。杂乱无序的家真的可以成为压力的来源。保持家里整洁有序，也就意味着我们不用每天都要花时间在阁楼的角落里寻找插线板，或在一大堆乱七八糟的特百惠盖子里寻找需要的那个。一旦有了整洁有序的家庭环境，我们就能够创造出宁静的生活氛围。

总有可以存放东西的地方

不要忘了，家里总有可以存放东西的地方。这个地方可能不是美观的步入式衣帽间，也不是一排排固定的书架。也许你只有一个衣柜，或一个小小的书架。我要说的是，储物，需要的是心思。

我的意思是说：到了一个新的生活环境，人们总是有一种冲动想要跑到当地专营储物柜的商店买东西，好像只要买到了合适的储物柜所有的问题都解决了。还记得那些商品目录吗？我们习惯认为只要买了新东西就能解决问题，我们中的一些人甚至在很小的时候就有了这样的看法。有时，买了新东西，问题的确就迎刃而解。比如说，堆满鞋子的壁橱和存放鞋子的壁橱之间的差异就在于鞋架。

为了保持心情的平静，我家里任何的台面或桌面上只会放置一两样东西。

第三章 整 理

储物柜并不是万能的。我们用抽屉、加盖的箱子来存放东西，这样的封闭空间越多，我们堆积在这些空间的东西就越多，它们都藏在了看不见的地方。这些东西可以暂时解决问题，可长期来看，它们就是储物灾难。最近，我家里扔掉了一个"数据线收纳箱"。这个箱子巨大无比，本来是用来装各种电器线路的，结果我们发现里面只有三根数据线，还都属于已经扔掉的电子设备。我的天，盒子里还装着找了好久的按摩器。

我觉得抽屉收纳格子、银器托盘、洗浴物品架子、搁板格子这样的储物用具平添了更多的问题。以刀叉勺子为例。我们的第一个公寓在北卡罗来纳州，有很多抽屉，这种情况下，当然可以在商店买上几个标准的餐具盘来盛放这些东西。可是，等我们搬到厨房里一个抽屉都没有的公寓时，这种储物"解决方案"就成了巨大无比的眼中钉。这些托盘非但没有节约空间，反倒占用空间。因此，我们就把刀叉和勺子放在两个干净的玻璃罐子里，罐子就搁在头顶橱柜容易够得着的地方。这样收纳刀叉更为快捷，取用也很方便，还充分利用了可爱的罐子，不然这些罐子就只能送进回收垃圾箱。我们一开始就不应该购置这些餐具托盘。一旦你决定不从商店购买各种储物的奇怪玩意儿之后，你真正可以利用的储物空间就拓展了，东西带给你的快乐也增加了。更多的时候，对细节的一点点创意和关注就能给你带来同样的满足感和有序感。在你冲出门想要买件东西解决所有问题前，真应该停下来好好想想。

我还想到了调味料柜子。摆放整齐的调味料柜子呈现出专业水准，这一直都是我想要的。一排排罐子，搭配得当，

我们的床不大，所占面积有限，但很幸运，我们利用了床下的空间。床腿很高，下面的空间就比较宽敞，我们摆放了一个简简单单的箱子，看起来非常整洁。

第三章 整 理

每一个都贴上了标签，每一个都在视线范围之内。我想象的是：打开柜子，扫上一眼，一下就可以把莳萝罐子捡出来。不对，理想的状态应该是：我根本不需要扫视，我知道莳萝罐子的具体位置，右边第五个，就在肉桂皮罐子的旁边。

但是，住在租来的公寓中，我没法购买特制的调料架子，也没法安放固定的支架。如果要买就只能选择买那种35美元一个的可以拆卸的搁板。一旦再次搬家，再次利用这个搁板的可能性几乎为零，只能留在原来的公寓里，然后再买一个来用。这样的循环似乎没有尽头。

所以我没有选择这样的储物"解决方案"，而是选择把自己的储物需求降到最低。我没有购买几十种已经碾磨好的调味料和香草，而是选择使用新鲜采摘的香草和新鲜碾磨的香料，只有需要的时候才购买。我准备了少数几种容易保存的调料备用，就放在一套4盎司容量的梅森玻璃罐子中，可以叠放，也很容易辨认。

我要说明一点：如果房子是你自己的，固定的储物单元无疑是很有用的。配有平拉抽屉的衣柜，大小正好能装下折叠好的毛衣，这无疑是很诱人的。橱柜的尺寸可以装下你的烤盘？那简直是美梦成真！如果要在某处长久居住，我肯定也要购置或是制作属于自己的更为长久的储物品。

第三章 整 理

各得其所

我在博客上贴出了家里的照片，人们看到后总是会问："东西都放哪里了呢？"有位读者觉得特别难以置信，问我，为什么在我的公寓里看到了冲浪板，却没有看到潜水服呢。我并不是放了烟雾弹来蒙蔽大家，事实上所有的东西都收纳到了壁橱里或放到了架子上。居住在小公寓里，还要有可以喘气的空间，第一步就是充分利用现有的储物空间；但对我而言，无论居住空间大或小，收纳好东西是让我平静的必备条件。

如何着手呢？

我一定会保持家里台面与桌面的清爽。我的书桌上只有电脑和键盘。我的抽屉柜上，只有一个装首饰的小盘子，还有一个装玻璃小瓶的小皮革盒子，后者是朋友特别送给我的礼物。我的床头柜上只有一个小台灯，在给孩子讲晚安故事的时候用。我有一个架子，上面养满了花花草草，有时我会用玻璃瓶子装上一点绿色或一两朵鲜花摆放在桌面上，但大多数时候我都让桌面空着。对我而言，如果处处都比较清爽，那每天产生的杂乱就要更容易清理。

在不精于此道的人看来，我们小公寓的某些储物方法真是有些匪夷所思。我们的卫生纸和床单一起放在壁橱里，那儿正好是离卫生间最远的地方。既然我们的卫生间太小，没法容下储物柜，这就是解决问题的方法。这个壁橱里，我们还收纳了剪刀、火柴和细绳，都放在一个篮子里。大胆去打造一个清爽的台面和桌面吧，其目的是找个地方把东西都收纳起来，（而不是买更多的东西来收纳，）你的个性解决方案会是如此地有创意而又理性，自己都会大吃一惊，高兴不已。其他人也都"想不到"。

住在狭小的空间里，我懂得了一个道理，"多功能"并不是所谓多功能产品的专有属性。只要仔细观察，你就会找到某件东西的多种用途。比如我们的壁橱？它既能存放衣服，还能存放工具；对了，它还是婴儿的更衣台，能存放尿布；另外，外公外婆、爷爷奶奶来拜访的时候，外套和提包都能挂在壁柜里。

关键是要用心。我的吸尘器放在衣橱的底部，再也找不到别的地方存放这个东西了，每次用过之后都要物归原处。我们的簸箕和扫帚就挂在衣服后面的那堵墙上，每次用后都要弄干净再放回原处。这几个储物的例子都不符合常规，但关键是把东西收纳好了，慢慢地也就习以为常了。

收纳小东西，保持整洁

说来也奇怪，无论是大房子还是小房子，最让人头疼的就是小东西的收纳。比如说，那些讨厌的调料！还有零散的婴儿奶嘴、小勺子和零零碎碎的梅森瓶盖，立式搅拌器的配件，各种瓶塞。收纳这些东西，我认为三样容器很有用：篮子、袋子和罐子。这些东西都挺好看的，而且收纳零碎小物件非常得力。这些东西的装饰性甚至超过了实用性，但它们绝对是"内外兼修"的。它们证明了想要做到整洁有序，你不需要特制的器具，你只需要养成物归原处的习惯，再加上几件基本的东西。

| 挂起来

要过整洁有序的生活？必备的重要工具有铁锤和钉子，偶尔还要用上一两个挂钩。不知道多少次，我绞尽脑汁想着该怎么整理公寓的某个角落，最后的答案都非常简单，只消一根钉子或一个螺丝就能解决问题。小孩的安全防护，数据线、电源延长线的收纳，还有工具收纳的问题，我们一直都用榔头、

第三章 整 理

钉子和挂钩来解决。非常简单，只需把东西挂在小孩子够不着的地方就行了。

这种皮革手柄的榔头价格合理，非常耐用，而且还很美观，完全可以展示出来。

簸箕放在不合常理的地方就会显得突兀吗？比如说放在衣橱里，会突兀吗？其实不然。在石膏板上钉上简单的螺丝钉，然后在簸箕的手柄上系上一截粗绳，即使周围挂着的都是裙子和外套，簸箕看上去也和周围融为一体。

梅森罐子有两层密封盖子，用来储存干货时很不方便。我买了一套金属盖子来替代两层的密封盖，多出来的盖子就收纳在一个小棉布口袋里。

我们公寓里有三个小的工具箱。这个是我最喜欢的，是我爸爸十岁时得到的生日礼物。

第三章　整　理

　　我们用螺丝钉和粗绳把簸箕和扫帚挂在了衣橱的墙上。那我们是怎么解决浴室里的毛巾的呢？门后钉上两个挂钩。如果不想花钱买五金件，就用窗帘杆架在挂钩上；或用两个螺丝钉，绑上钢丝。想把防雷器[1]遮起来？往桌子的下面钉上两个螺钉。有时暂时性的解决方案也能有很大的效果，这是不言而喻的。

　　所谓整理，更多的是花时间解决问题，而不是花钱买东西来解决问题。对于我而言，一把好榔头和几个钉子就胜过市面上出售的大多数整理解决方案。

养成习惯

　　最整洁的空间也不过是负责整理的人打理出来的效果。还记得清理杂物的习惯吗？整理也是一样的。

　　想一想我的书桌吧。我的书桌是一张简单的桌子，没有抽屉。我在桌上只放了电脑、鼠标和键盘。工作的时候，我也许会摆上我的纸质日历（这是我的个人喜好，戒不掉的弱点）。我有个装满了笔的小罐子，放在装床单的衣橱里，如果我需要笔记下什么东西，就从里面抽一支出来。如果把这个罐子放在桌子上，桌子就显得拥挤了。工作完毕，我把笔放回原处，合上日历，塞进我的工作包，再把马克杯放到厨房的水池里。工作时参考的书都回到原处，即箱子里或书架上。这样，我的书桌又回归清爽的状态。这就是习惯。对于我而言，看到清爽的书桌就是最大的奖励；整理东西、物归原处这些事情根本算不上什么。我也用同样的习惯来整理厨房台面、抽屉柜顶部和餐桌。

---

1 防雷器，一种为各种电子设备、仪器仪表、通信线路提供安全防护的电子装置。

我们在几个不同的城市居住过，木头箱子来自这些城市的跳蚤市场。

木头箱子

我大学毕业后注意到一个现象：我的很多朋友大学毕业租住第一套公寓时，不愿意花钱买家具，而是使用以前的塑料箱子和储物用品。作为一代人，我们都这样。用乐柏美[1]代替抽屉柜，牛奶箱充当床头柜。我的一个朋友用塑料箱充当咖啡桌，使之兼具餐桌的功能。

一方面，我是赞同这种习惯的。我们这一辈子都离不开塑料用品，当然可以一直用下去。但你如果想要一个有个人风格的家，无论是多么简单的风格，恐怕就需要换一种态度来对待临时家具了。

我家主要依靠回收各种木头箱子来做临时家具。用木头箱子充当床头柜，这可不是所有人的喜好。与制作精良的家具相比，木头箱子看起来真是粗陋无比。但从环保和审美的角度，我觉得它们胜过塑料箱子。最重要的是，在我家里，木头箱子有无穷无尽的用途。我们用结实小巧的木头箱子替换了那种小小的、纤细的小茶几和边桌。我们找来一个旧箱子，非常结实，翻过来放在床边或沙发边，高度正好，用来装书真是太理想了，否则这些书只好摞在桌子上占空间。我们把用条板做成的箱子放在门边收纳靴子，葡萄酒箱子则推到沙发底下，还可以在衣柜里放上木头箱子以充当帽子盒。如果新公寓里没有衣橱，用箱子做一个也不算难看。它们当然不是精美的家具，但完全能够胜任委派的任务。

1　乐柏美（Rubbermaid），自1921年开始制造耐用的家居用品，包括家居收纳、车载保温箱、食物容器，洗衣、沐浴、清洁用品，壁橱、厨房用品等系列产品。

开放式储物

我现在要讲一个开放式储物的例子。也许是反例吧。我不得不承认,在我看来如果开放式储物用得太多,有时就显得乱糟糟。我们在商品目录或 Instagram[1] 上看到的厨房照片非常有风格,这些照片里都摆着古朴的架子,但很多时候这些架子上只是零零星星地摆了一些厨房用具而已。比如说一个倒置的古董盘子和一个装满干豆子的罐子形影相吊,或一个鸡尾酒搅拌棒躺在香槟酒杯旁边。这些东西的美丽只存在于杂志图片中。现实生活中,你的东西可不仅仅是一个杯子,而是一个杂货铺。如果完全是开放式储物,映入眼帘的就不再是精选的几件物品,而是所有的东西。既想要开放式储物的浪漫情调,又想要实用的厨房,我发现开放式储物和封闭储物相结合最能在家里营造和谐的氛围。

开放式储物很有用,这种方式让你明白无误地知道家里到底囤积了哪些东西。如果马克杯只能放在开放式的架子上,那每逢开会或受戒礼[2]时分发马克杯纪念品,你就会抑制拿杯子回家的冲动。

不管怎样,储物要用心规划。用心储物就会让你谨慎购物,这样你需要储存的东西自然就少了。

---

1 Instagram,一款图片移动应用程序,提供图片的各种滤镜样式,中文翻译为"照片墙"。
2 犹太教庆祝男子满十三周岁和进入犹太教团体的典礼。

第三章 整 理

我们的书架是运输羊毛拖鞋的旧箱子,其用途按照我们的需求不断变化。目前,这个箱子的最底层放的是烹饪书,中间放的是我们女儿非常喜欢的几个玩具,最上面放的是日常用品。

04: Decorating

第四章
装　饰

简单是最极致的雅致。
　　　　——达·芬奇

　　我的装饰哲学就是：用你喜欢的东西，家里的物件对你来说都有个人意义，拒绝肤浅的东西。这一章所关注的是持久且经济的装饰，但谈论的并不是内部装饰本身。我不会谈论装饰原则、色卡、色比等内容，这些东西应该留给真正的设计师。我要讲的是如何逐步营造一个简单且持久的家。

第四章 装 饰

明亮与明快

孩提时，我经常去殖民时期的住宅式博物馆。我在新英格兰南部长大，我家乡周围有很多这样的博物馆，当地人都引以为傲。我 10 岁的时候，妈妈在做研究，准备撰写新英格兰旅游指南系列的第一篇文章。于是我们几个姐妹就跟着妈妈转悠，去了不少这样的博物馆。这些历史建筑的地板都打扫得干干净净，椅子推到了靠墙的地方，这种清教徒的审美风格深深地印在了我的心里。

当然，这些地方如此整洁，一定程度上是因为它们本身是博物馆。是的，我知道问题所在。博物馆是用来参观的，不是用来生活的。必须指出的是：生活就是乱糟糟的，美国殖民时期的生活更是如此，甚至是肮脏污秽的。尽管如此，我在设计自己的家居环境时，还是喜欢借鉴这种简单的审美风格。我喜欢家里只有必需品，没有多余的东西，空间宽裕，可以把家具推到墙边举办一场老式的舞会，在地板上用枕头堆一个城堡，或在地板上雕刻南瓜灯。

对我而言，要创造一个平和简单的生活空间，关键是在明亮与明快这两方面做到尽善尽美。我只有两条原则，却非常实用。

首先，我的公寓在视觉上就要呈现出明快的色调。我通常采用无瑕的白色，这也是房东喜欢的颜色。（白色同时也省钱。）我喜欢白色的底色，然后零星地加上一点颜色。我给几幅非常喜欢的画加上了画框，挂在墙上，其余的画则是直接粘到墙上。但总体而言，我喜欢在墙面上留白。

至于"明亮"，我更是无所不用其极：家里的东西要么是能发光的，要么是能增加亮度的。所以，在我们居住的地方，昏暗的吊灯要么是换掉了，要么是关上了。我们的窗户如果

我们古董衣柜上的镜子有些刮痕,可是阳光透过窗户照在镜面上时,依然可以反射到整个房间。

第四章 装 饰

> 我们撤掉了难看的吊灯，换上从"校舍电气"[1]买来的白色吸顶灯。这款灯具非常简单，完全改变了整个房间的风格。

要挂上窗帘，一定是那种半透明的薄窗帘，清晨和煦的阳光可以照进来，傍晚金黄的余晖也能穿透。我们还在窗户的对面挂上了一面大镜子，这样阳光就能反射到整个房间。卧室的光线比较朦胧，铺上浅色的床单就能一扫忧郁的气氛。最近一次搬家后，我们把卧室的家具刷成了深色的海军蓝，这种颜色不够明亮，但正好和周围的光线形成鲜明的对比。

一眼望去，我的家肯定不是色彩缤纷的，这一点我完全同意。我关注的是明亮和明快，因此细看之下，为数不多的色彩其实是更为突出了。比如说我的绿色盆栽，盎然的绿色是多么醒目。我在附近的小店买来小朵的鲜花，整个空间都为之一亮，我不需要购买那种用后还需要收纳的东西，也不会为日后不再喜欢这些东西而负疚。厨房里有个昏暗的壁龛，我会在上面放上一碗鲜艳欲滴的草莓，或用杯子插上一把欧芹，昏暗的角落马上就亮堂起来了。厨房餐桌的暖色木材也能起到相同的作用。没有光亮也就不存在色彩，所以我首先要光线，其次才是色彩。

我从来不在公寓上多花钱，但我花了很多心思。要想公寓不一样，关键在于用心。正如我以前说过的那样，居住环境的成败并不在于细节，而在于是否用心去创造美。无论做什么，都要用心去做。稍微挪动一下东西的位置，做一些小小的改变，旨在让你的家成为更为舒适的小窝。

---

1 校舍电气（schoolhouse electric），美国一家出售灯具、灯罩等家用品的商店。

我家的图片墙上没有那些看起来很正式的画框，我总是挂一些零零碎碎的东西，经常替换。画框并不便宜，这是原因之一，但更重要的是我自己的心情经常变化。某一天，我突然就会把东西都取下来，然后重新来过。我不要永久性的画框，我想随时随地地换上给我灵感的东西。

不要急于求成

最好的装饰不是一蹴而就的。不要着急，你就会有意外的发现。你已经选好床头板，都捆在汽车顶上了，只要不着急，你就能碰见正好与之搭配的抽屉柜。不要着急，你就能买到称心如意的桌子，还正好是你喜欢的传统制作工艺。不要着急，厨房餐桌上没有顶灯也没关系，你总会找到最好的那一盏灯。不要着急，最后的奖励是你得到了有着个人风格的家，这一切都值得等待。

如果你坐在那里翻阅商品目录，精挑细选，一次就想买好所有的家装用品，某种神奇的东西就丢失了。更重要的是，你的某些个性就丢失了。

慢慢装饰，你就能做出最能持久的选择。也就是说，你家里的东西可能会是那种又可爱又古老的。也就是说，你给了自己时间和空间来寻找、等待可持久的解决方案。

我们很容易就陷入越多越好的怪圈。每天，各种广告、帖子、杂志文章、书，另外还有我们的朋友，各种信息都如炮弹一般呼啸而来，炸响在耳边，告诉我们这样东西或那样东西会提高生活品质，会让我们的生活更轻松，会解决我们所有的问题，会让我们的家更漂亮。

有某种东西能够让我们的生活工作更容易——这种感觉太诱人了——但并不是所有的东西都值得购买。我的建议是不要着急。多想想，沉淀一下自己的想法。怎样花时间，就怎样想，反正就是要三思而后行。

还记得你搬到新公寓后第一次去大型超市吗？你知道我说的是哪次吧。刚搬到新公寓，还有好多箱子都没有打开，厨房橱柜的布局让你举足无措。你突然想起自己的浴帽又旧又破，应该买一顶新的。看到上一个租户留下一片狼藉，有

第四章 装　饰

我偏好用这样的小铁夹子来挂海报和照片。在文具店，花上不到1美元就能买到这些东西。这些年，我甚至不花钱就找到了一些非常特别的老铁夹子。

顶新浴帽可能感觉会好些吧。刚搬家，箱子里的东西都倒腾出来了，正想着这些东西该怎么放，这个时候走进明亮的商店，走在闪亮的货架之间，感觉真是放松呀。以前，我也非常喜欢在这时候到商店去。大学期间，夏天结束搬回学校寝室，我就喜欢去大型超市。大学毕业后，朋友搬家收拾到一半就要去商店，我也陪他们去，顺便买点自己需要的东西。在大型商店里，可以买到新浴帽，与新淋浴头相配的洗浴用品架，还有挂在食品柜上的整理袋。如果喜欢的话，还可以买上几根香薰蜡烛，再往购物车里扔一个新抱枕。有了这些东西，家里不就会漂亮一些吗？买瓶新的洗发水吧，有了它，新公寓就有家的感觉了。别忘了，还得买一种新茶，还有，曲奇怎么样，买点吧？你觉得还应该为新卧室物色一张边桌，而且桌面还是倾斜的那种。

怎样才能慢下来呢？我的第一条建议就是：不要一站式购物。一站式购物当然非常方便，但也许真是过于方便了。多年来，我一直奉行谨慎购物，可一旦走进亮堂的大型超市，马上就有了消费的冲动。即使货架上是我早就决定不买的物品，我也有消费的冲动。我真诚地认为，最好的方法就是避

懂得等待，就会等来好东西。我和詹姆斯一直都很喜欢古董的实验室高脚凳，可是古董店的那些凳子太贵了，我们买不起。多年的等待后，我们居然在一处实验室外发现了这对尤物——实验室更新设备，扔掉了这些东西。

第四章 装　饰

开这样的大型超市。特别是刚搬了新家，心情不好或饥肠辘辘，那更要回避了。回到家里，又该怎么办呢？远离电脑。身处商店中，商品唾手可得，满足感随即而来，这是个问题。比如说你看到一张边桌，几分钟后，边桌就到你手里了。网上购物也是个问题。随意点一点鼠标，你就买下了一大堆东西，如果这些实物摆在你面前，你是绝对不会买的。我并不是说不要在网上购物，我是说不要着急，慢慢来。喜欢的东西先收藏，然后再加到拼趣[1]上。你当然可以做好所有的准备工作，但在真正购买之前，请一定要等一等。如果过了一两个星期，你还想要这样东西，那可能才是真正下手的时机。但我一次次地发现，只要延期购买新东西，迫切需要这样东西的欲望就消失了。延期之后，我就有了时间思考，就能发现自己真正想要的是一个有故事的边桌。于是我继续等待心中那个完美的东西。

　　有时，装饰是必须的。我们的上一个公寓只有一个窗户，而这个窗户外面有一盏巨大的探照灯。这一来，晚上拉上窗帘就成了必须的。我家窗户的装饰一直都很简单，都是自己胡乱做的。这一次，我用一块亚麻布的旧浴帘做窗帘，然后花了5美元在附近买了一条铁杆，再加上两个铁钩和几枚安全别针，就做成了一副窗帘杆。没错，窗帘通常都不是这样的。没错，这样的东西有些廉价。没错，窗帘安放好后有些晃动。但这正是我们所需要的。

　　我们住在普罗维登斯的时候，我挂窗帘只用一根绳子和几枚钉子，直接敲在木制的窗户框上，而窗帘不过是几块白色的桌布。你觉得不太美观？这是自然的。我们决定在现在的公寓里给宝贝改造出小小的更衣区，于是我买来了窗帘布，

---

[1] 拼趣（Pinterest），一家以兴趣为基础的社交网络，通过图片墙发布图片。

请附近的裁缝店锁边。只不过花了 12 美元，我就拥有了定制窗帘。再花上几美元，我就买上了一截水管以及水管配件，做好了窗帘杆。我的意思是：你不用花大笔开销，也能拥有定制的美丽窗帘。

也许窗帘并不是你的问题。我不怎么喜欢现在这个公寓

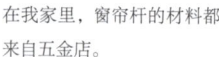
在我家里，窗帘杆的材料都来自五金店。

里厨房的瓷砖。房东在无伤大雅的白色瓷砖里加上了一条颜色绚丽的马赛克瓷砖，我不太喜欢这东西。这个问题有很多解决方案：我可以用胶合板把它盖上，或得到房东的允许后重新贴瓷砖，或购买可拆的瓷砖片贴上。但我不愿意选择这些需要投钱的方案，于是我剪下一条条胶水纸，盖住了不喜欢的图案。这一方案并不怎么高明，但简单易行，效果也很让我满意。这样的简单空间才是我心所向。

有时候，看了太多的商品目录和橱窗陈设，读了太多的博文，会觉得仿佛只有"买买买"这一条路可走。事实上，只要一点点创意，用上手边已有的东西，即便是一卷白色的胶水纸，你也能很好地解决问题。

第四章 装 饰

购买喜欢的家具

我家里绝大数的家具都购买于克雷格列表,或从大街上捡来的。

以前,在挑选家具的时候,我们也犯过一些错误,但我们的标准一直都很明确:实木、设计简单、不要笨重。只需要一点耐心,一点运气,再加上一点搜索,我们很容易就能找到既喜欢又消费得起的家具。

我们通常搜索的都是折价家具。我们在庭院旧货出售上翻拣,在克雷格列表上仔细搜索,还驾车前往陌生人的家门口,只为找到我们想要的东西。我们把找来的东西洗刷干净,再涂上自己喜欢的颜色。找到了更好的东西,我们就在网上挂出自己的旧家具,邀请陌生人来我们家买走这些不要的东西。我和詹姆斯陆续买了好些抽屉柜,又陆续把它们卖掉,最后才选定了现在这个柜子。厨房的桌子和椅子也是这样淘来的。买二手家具的好处就是它们不会贬值。买新家具和买新车是一个道理,只要一进家门,这个东西就开始贬值了。但是,买一张旧桌子呢?你现在的公寓用这张桌子正合适,可是并不合适你的下一个公寓,怎么办?以购买的价格原价出售就行了。

没错,要找到合适的二手家具,需要的仅仅是合适的时间和合适的地点。换言之,完全靠运气。

来谈一下我们卧室的家具吧。床头板是我父母家的。我父母家的楼梯改建之后,那个床头板就没法从楼梯搬下来,一直锁在阁楼里,一放就是几十年。那一天,我妹妹从阁楼的椽木上摔了下来,落在二楼的天花板上,砸出一个大洞。(大家不用担心,受伤的只有她的自尊心和可怜的石膏天花板。)

趁着大洞还没有填补好,我和詹姆斯救出了这块床头板,

第四章 装 饰

把它放在车顶上，一路从康涅狄格州开回了北卡罗来纳州。路途中，绳子松动了，我们在路边停下车重新捆扎。还没有到家，我们又遇上了暴雨。最后，我们好歹把这个东西搬回了空空荡荡的公寓。接下来几周的时间，我们都在克雷格列表网站上寻找与之相称的抽屉柜。詹姆斯找到了一个巨型抽屉柜，柜子的贴面和抽屉拉手看上去就像是凡尔赛宫的东西，只是没有镀金。这个柜子能够装下我们所有的衣服，但我们还是继续搜索。有一天，一下就发现了一个帖子出售两个抽屉柜，上面的雕刻和我们床头板上的雕刻简直太吻合了，都是古朴的风格，我们立刻驱车前往，买下了这两个柜子，才75美元。完全是运气。但即便是好运，也离不开我们最初的守望和搜索。

当然，沉迷克雷格列表网站会有危险，但如果有确定的目标，也不妨经常浏览。要留心哦。邻居不要的东西会扔在小门廊，我们得到了两张桌子和好几个木箱。我有个妹妹就在自家门口的路边上捡到了一块古董床头板——某个搬家的邻居几分钟前给扔在那儿的。要擦亮眼睛。

不喜欢的东西就卖掉。到了最后，有些淘来的东西就不想要了。最初的时候，屋里空荡荡的，手里又没有家具，只好从父母的阁楼上搬来东西填充一下，但并不是说这些家具就要一直用下去。当然了，喜欢的家具，自然可以留下。

最后一点，就是享受这个过程。只要态度正确，寻找二手家具是精彩的寻宝经历。找到合适的家具这种感受甚至比寻宝的过程还要让人陶醉。你找到的不仅是书架或桌子，你还发现了故事。

用自己喜爱的东西

我开篇就提到，我们俩搬到小公寓的时候，不得不有所取舍。我们知道，有些东西是带不走的，但我们还是决心把能带的带上，不想推倒重来。这样做也许不能最大限度地利用空间，但能保留自我的风格。公寓这么小，如果靠墙处安放高一点的抽屉柜，肯定是更合理的。更为精明的人会选择放弃抽屉柜，改为安放一个壁柜。如果采用下拉式的桌子，房间里可供活动的空间肯定也要多一些。如果聪明的话，我们应该用凳子来搭配桌子，再给塞到桌子下面，可我们还是选择了摆上4把椅子。

在小公寓里，我们不得不打破常规来摆放卧室的家具，但这样我们就保留了心爱的抽屉柜。

第四章 装　饰

　　布置房间时，并非所有的决定都要基于实用。我们选择了保留大多数家具，也正因此我们现在还拥有自己非常喜爱的东西。这是考验勇气的时刻，我们没有选择高效利用空间，而是选择了心爱的东西。那些老柜子是我们在北卡罗来纳州买的，我心中的浪漫情结实在是无法与这些东西分离。我也没必要非要舍弃这些东西，我只需要做出妥协。抽屉柜，YES；有效利用空间的壁柜，NO。但还有一个原因：事实上，我们也不需要高效利用空间的壁柜。我们舍弃了一些东西，这样我们就不需要特制的组合家具和那些昂贵的储物解决方案了。

　　底线：面对实用，我还是选择了浪漫，这样的情况还不少呢。如果你喜爱某件东西，而这件东西又是有用的，也许它不像你想的那样高效，但尽管用好了。

避免装饰陷阱

　　我能够简单地生活，关键的原因之一就是避免使用过多的装饰元素。我并不是建议大家去效仿清教徒农舍那种严格的苦行风格，而是建议大家在购买装饰品时最好三思而后行，即使你购买的是简单风格的装饰品也应该如此。

　　家装商店的购物架子上摆满了各种装饰品，店家当然希望顾客买回去满满当当地摆在自家的架子上。许多这种批量生产的物品都有一个问题：变化太快。这一季，塑料盘子是彩色条纹，到了下一季就变成单色条纹。这些装饰小玩意儿看上去是如此活泼时髦，你觉得自家起居室的架子上一定要摆上这个东西。可是你一时冲动买下的很有可能是多余的东西，因为你没怎么考虑过这件东西是否与家居的整体效果搭配。仅仅因为家里缺一个装饰品就买上一个，这样的东西没我们决定用一个古典帆布护套来替换心爱的老坐具，这给我们的房间腾出了更多的灵活空间。

有承载情感，你不太可能长期保存，这样的东西也不太可能带给你快乐，放在那里只不过积灰尘而已。

也许更重要的是，这样的装饰品大多不够经典。你很容易就觉得自己每个季度都需要不同的画框、花瓶之类的东西；为了降低价格，商家都是批量生产。就像服装业的快时尚一样，这些大型家居商场捣鼓出来的东西也有类似的模式。只要你买下这件装饰品，刚走到家门口，你就觉得这件东西已经过时了。

我自己的方法是慢慢添置装饰品，不要着急。我不愿意家里堆满东西，因此我希望每件东西都有分量。有时，这些东西是外出旅游时特别购买的，也有我在庭院旧货出售时选到的心爱之物。有时，这些东西又是我仰慕的独立设计师的作品，我勤勤恳恳地攒钱来购买他们的作品。在没有得到这些东西之前呢？我干脆就让架子空着，只是零星地摆上鲜花、心爱的蜡烛，或临时摆放些什么。

装饰材料

我选择家用物品的第一关是"是否喜爱这件东西",第二关就是它们的材质,即使是家具这样的大件我也是这个标准。这里是一份清单,这份清单并不完美,但我的确就是用这些材料来布置家的。

木头: 我对木制家具情有独钟。这些家具来自曾经呼吸过的活生生的树木,这种温暖的感觉是我喜爱它们的部分原因。实木家具非常耐用,更经得住搬家、小孩和日常磨损的考验。更重要的是,实木家具在制造过程中不会使用很多胶水或黏合剂,不会污染室内空气。

抛光剂、涂料、染色剂: 只要可能,我就选择像蜂蜡和桐油这种天然抛光剂而不会选择聚氨酯这种人工合成剂,后者会释放出甲醛这类有害气体污染室内环境。给家具上漆的时候,我都选择零 VOC[1] 的涂料,并且一定在通风良好的地方进行。

衬垫和填充物: 凡是涉及衬垫,我一直都选择以棉花和羊毛为填充物的家具,而不会选择更为常见的聚氨酯泡沫。为了降低火灾隐患,这种高可燃泡沫填充了化学阻燃剂,而阻燃剂可以引发癌症、神经功能缺陷、成长发育问题和生育障碍。[2]

1　VOC 是挥发性有机化合物的英文缩写。普通意义上的 VOC 就是指挥发性有机物;环保意义上的定义是指活泼的挥发性有机物,即会产生危害的挥发性有机物。
2　帕特丽夏·卡拉汉,山姆·罗,《对化学制剂的恐惧》,出自《芝加哥论坛报》,2012 年 5 月 6 日。

简单的摆设

我最喜欢在家里摆上那种看起来像是刚从花园里采摘来的鲜花。当然了,住在城市中央,我没有自己的花园。虽然不是自己种的,但我喜欢买那种像是从花园里摘来的花束以满足自己对花园的渴望。

我喜欢的花有:

金光菊

雏菊

石南

绣球花

紫丁香

野胡萝卜花

蜡花

有时只需要加上一抹绿色就胜过千言万语。一些盆栽单独看上去就已经非常可爱:

爱尔兰风铃草

大叶柴胡

盆栽桉树

禾本植物

薄荷

芳香天竺葵

白漆的魔力

用上一夸脱或一加仑白漆,我住过的每套公寓都变了个样,就像魔法一样神奇。租来的房子,或你自己的房子,刷上白漆后都会带给人焕然一新的愉快感觉。壁橱面目可憎?只要刷上一层白漆,就焕发出新生命。银色的水管很突兀?刷上一层白漆,它就消失在背景中了。每次搬到新公寓,我都会买上至少一夸脱零 VOC 的白漆让整个地方焕然一新。

很多东西粉刷之后,的确会赏心悦目。这里是部分清单:

- 橱柜搁板
- 暴露在外的水管
- 挂钩
- 室内门
- 壁橱里面
- 药剂柜
- 暖气管
- 厨房水池的下面
- 窗台板

| 安全用漆

VOC 就是挥发性有机化合物。简单而言,VOC 就是固体(家具中使用的胶水和黏合剂)和液体(油漆、涂料、清洁用品)中释放出来的气体,这些气体对健康有不同程度的影响,轻则流鼻涕和眼睛刺痛,重则引发癌症。这种气体污

第四章　装　饰

染物在室内的含量要比室外高 2 到 5 倍。[1] 有研究表明，开窗透气和在家里摆放绿色植物能够减少 VOC 有害气体的含量，但一开始就避免这些东西显然更为明智。

和我一样喜欢淘老家具的朋友们要注意了：1977 年禁令[2]前的家具很有可能使用了含有铅的涂料。如果你家里有涂漆的老家具而家里又有小孩，最好给家具做一个铅检测。老家具的漆面有鳄鱼皮一般的裂纹，的确是非常漂亮，可铅是一种高毒性物质，绝对不能用健康来换取美观。

1　《VOC——简介室内空气质量》EPA，http://www.epa.gov/iaq/voc.html#Steps
2　美国有毒物质控制法（Toxic Substance Control Act，TSCA），颁布于 1976 年 10 月 11 日，1977 年 1 月 1 日起正式施行。

05: Bath&Beauty

第五章
浴室与美容护肤产品

> 有没有洗个热水澡不能解决的事情呢？肯定有，但我所知道的不多。
> ——西尔维娅·普拉斯[1]

首先，我要谈一谈浴室。我家浴室的瓷砖有裂纹，浴缸的漆也有脱落，还有各种其他问题，而我依然想把它变成乐土。我想要家里的每个角落都容易打扫，每个角落都能带给人放松的感觉，浴室也不例外。

想象一下温泉疗养地的画面。在 30 年的人生中，我自己从未去过温泉疗养地（我当然没有放弃希望），所以我脑补的画面来自杂志的折叠大插图和电影。你想象的温泉疗养地可能和我的非常相似：白色的墙壁，点燃的蜡烛，也许还有木制浴室脚垫和一摞干爽清洁的白色毛巾。这是个非常清爽的地方，台面上没有乱七八糟的各种物品，没有塞满各种小工具的柜子，没有绒布马桶垫，没有多余的纸巾盒，也没有打开盖子的牙膏。这个地方空间非常明朗清爽。

即使你浴室贴满了浅粉色的瓷砖——我在很多纽约的公寓里见过这种颜色——你依然可以创造出同样安宁的氛围。我现在的浴室倒不是这种浅粉色，而是黄油色，或者你可以称其为蒙德里安[2]风格的斑点地板。可是我家里的这个蒙德里

---

[1] 西尔维娅·普拉斯（Sylvia Plath，1932—1963），知名美国女诗人。1963 年她最后一次自杀成功，年仅 31 岁。这位颇受争议的女诗人因其富于激情和创造力的重要诗篇留名于世，又因与英国诗人休斯情感变故自杀的戏剧化人生而成为英美文学界一个长久的话题。

[2] 彼埃·蒙德里安（Piet Cornelies Mondrian，1872—1944），荷兰画家，风格派运动幕后艺术家和非具象绘画的创始者之一，对后代的建筑、设计等影响很大。

第五章　浴室与美容护肤产品　　　　　　　　　　　　　　　　109

安完全没有艺术眼光，而且蒙德里安本人并不使用斑点。虽然如此，我的浴室空间依然明朗。我在地上放了两个加盖的篮子，里面装有我不想陈列在外的东西：备用的肥皂、电吹风、温度计等等。我们的牙刷都放在一个小杯子里。在马桶上方的墙上我挂了一个古董匣子，里面放着我的化妆包，还有棉签一类的浴室用品。有时，我想要有一种本人在很远的地方度假的感觉，那我就会关上门，点一根蜡烛，在浴盆里放一些甜杏仁油，再滴上几滴薰衣草精油，然后扔一把泻盐，好好地泡一个澡。即使浴盆的漆已经脱落了，我也视而不见。这种感觉并不完美，但同样让人感到宁静。

为了让浴室在视觉上给人简单清爽的感觉，我最爱的方法之一就是换容器。各种东西，无论是洗发水、棉花签，还是咽喉含片，我都会把它们从原包装中倒出来，放到简单的玻璃瓶子或罐子里。在我看来，带着品牌名的各种包装陈列在一起，会给人一种凌乱的感觉；一旦从原包装中解放出来，同样的东西就会带来一种归属感，更有意义。我觉得，这些小心思促成了空间的大不同。我用来盛放棉签的粉红色小杯子是在我父母的后院找到的。一年冬天，詹姆斯和我漫无目的地逛街，在一个跳蚤市场找到了那个放化妆棉的果酱罐子。即使在浴室，我也想要摆放有故事的物件。

搬到那个小公寓之后，我们开始使用亚麻布的浴巾，原因是这种浴巾很容易晾干。住在这样的小公寓，最担心的就是整个浴室都散发着一种潮湿浴巾的霉味，所以我们选择了这种易干的亚麻材质。可喜的是，亚麻布浴巾同时非常漂亮，这一点也颇为重要。毕竟我们的小公寓只有一个房间，而浴巾就挂在浴室门的挂钩上。

那浴室用品本身呢？牙膏、洗发水、润肤露、剃刀等等，每一件东西都有可能把浴室搞得一团糟。

一次，我走进一个新朋友家的浴室，迎面看到的像是洗劫过后的药店。她家卫生间的台面很大，上面到处是用了一半的乳液、防晒霜、爽肤水和啫喱水。几乎所有相同功能的产品都不止一样，有的是两样，有的是三样。为什么会这样呢？一部分原因是我们的选择太多了。我们所见的每一件新产品都号称与之前的产品有所不同，因此人们总是想试一试新产品，想着也许问题就解决了。如果用了某款洗发水，头发缺少光泽，那下一次我们走进商店就会发现有30个其他选择等着我们。不想在家里堆积这么多的东西？我们不但要克制尝试新产品的欲望，还要认识到家里已有的东西也是造成杂乱

第五章 浴室与美容护肤产品

问题的部分原因。浴室的台面已经堆放了很多东西，买了新东西再往上一扔，新买的东西立刻就消失在我们的视线中。如果洗浴用品架里面已经塞满了各种用了一半的洗发水，再加一个瓶子根本就不显眼，我们也就会满不在乎地买了又买。如此一来，化妆品柜、化妆包，甚至是浴盆边都成了储藏室，堆放的都是我们不喜欢的、用了一半的东西。正如我在清理杂物那一章节谈到的那样，不用的东西堆在那里，如果放任不管，这些东西就会越来越多。不用的东西就扔掉，这才是行之有效的方法。只要确保浴室的每件物品都是你在使用的东西，你购置新东西的可能性就降低了。买新东西就成了对自己特别的款待。

你也许不以为意，但对于我来说，把最后一点肥皂用完，然后撕开新肥皂的包装口袋是一件乐事。我喜欢撕掉包装纸，或解开缎带，然后再把肥皂放在淋浴架，这就像是拆开一件小小的礼物。我也非常喜欢第一次将棱角分明的新肥皂拿在手里，然后变得圆润的感觉。肥皂这样平凡无奇的东西也能带来快乐，养成这样的习惯怎么样呢？在我看来，如果不留心，生活中的混乱就会淹没这样的快乐。如果生活中总是有源源不断的物质供给，我们就会丧失对新东西感到欣喜的能力。

浴室里摆放的用品，我一定要用得干干净净。面对一块新肥皂，我也会感到欣喜。除此之外，我还有一个防止浴室堆积杂物的秘诀。一眼望去，你甚至看不到这种杂物，但事实上你使用的化妆品和洗浴用品中都有这些东西。我指的就是成分。我新朋友家里浴室台面的确非常凌乱，可更让人心烦意乱的是各种用品的复杂成分。美容行业想让我们所有人都觉得自己有皮肤问题。而我们的皮肤呢？这个人体最大的器官总是不尽如人意，有出油、肤色不一致、发痒等等问题，这样的皮肤实在是不讨人喜爱，我们也束手无策。事实上，我们完全可以说，皮肤的某些出油和肤色不一致问题恰恰来源于我们使用的护肤产品。头发和指甲也是这样。

每次肥皂用光后，我就喜欢尝试另一种肥皂，但我最喜欢的还是那种用椰子和橄榄油经过冷压工艺制造的简朴肥皂块。

第五章　浴室与美容护肤产品　　　　　　　　　　　　　　113

　　我是什么时候听说的对羟基苯甲酸酯[1]、十二烷基醇醚硫酸钠[2]或其他化学制剂呢？大多数制剂并没有明确的使用限制，就那么随意地掺入了我们的护肤产品中。可是，一旦听说了这些东西，我们就无法置若罔闻。唇膏和润肤霜的成分中有石油制品，而这些制品中又有致癌物质。去角质的洗面奶里面含有非常微小的塑料颗粒，这些颗粒最终的归属地是海洋。邻苯二甲酸酯[3]，出现于洗发水和化妆品当中，与癌症和激素紊乱有联系。染发剂中含有铅，爽身粉中含有石棉。就为了表面的光鲜亮丽，我们真是搞得一团糟。

　　几年的时间里，站在药店的货架之间，我都不知所措，不知道该往皮肤上涂抹什么东西，该选什么样的洗发水、润肤膏或体香膏。这些产品的成分表错综复杂，读也读不懂，该怎么办呢？我想要尝试某件产品，结果看到了配方表上我不熟悉的成分，我就会使劲地想，哪种对羟基苯甲酸酯是有害的呢，抑或所有的对羟基苯甲酸酯都是有害的？我读过环境工作组[4]皮肤化妆品数据库的内容，苯氧乙醇看起来不像是好东西，可到底有没有害呢？（最好的回答可能就是"尚可使用"吧。）最终，我觉得疲惫不堪，决定使用那些配方一看就明明白白的产品。如果这种产品的配方是我一眼就能看明

1　对羟基苯甲酸酯是一种用在化妆品、药品中的防腐剂，有时也会被用在食品添加剂中。对羟基苯甲酸酯有仿雌激素的作用，曾在乳癌的肿瘤中被找到，可能因此参与乳癌的发展。但它们与乳癌的发生是否有直接关系，在医学界暂时未获证实。
2　十二烷基醇醚硫酸钠，一种化学品，淡黄色糊状体，主要用于做香波浴液的发泡剂和洗涤剂。
3　邻苯二甲酸酯主要用于聚氯乙烯材料，起增塑剂的作用。它普遍应用于玩具、食品包装材料、医用血袋和胶管、乙烯地板和壁纸、清洁剂、润滑油、个人护理用品（如指甲油、头发喷雾剂、香皂和洗发液）等数百种产品中，对人体的健康有严重的危害。
4　美国环境工作组，设在华盛顿的一个非营利、非党派的民间环保组织，成立于1993年。

白的，那就是我想用在自己身上的产品，这是最简单的方法之一。

用这种方法要注意一点：国际化妆品原料命名（INCI）[1]是成分表的全球标准。我们平常说的牛油树脂是不会出现在配方表上的，取而代之的是其拉丁名"Butyrospermum parkii"。除非精通拉丁文，或者你是19世纪的植物学家，否则，看到这样的成分，你总是会疑心碰到了有害成分，其实你看到的不过是牛油树脂。幸运的是，这样的拉丁名后通常都会用括号标出常用名。所以只要仔细看一看配方表，就知道往身上涂抹的到底是什么东西了。

我也不敢妄称自己使用的都是无害产品。想要找到一款天然洗发水，而且还能够洗干净头发？这真是难上加难。我试过不用洗发水，改用橄榄皂。我也试过所谓的椰子洗发水。这款洗发水打出了**有机**的口号，我想既然是有机，就不会太糟糕吧。我又发现了另一款椰子洗发水，效果好一些，但并不完美。百分百的无害产品很难找到。我也容忍了一些并非纯天然原料制成的产品。所有的这一切不过是尽其所能而已。

每天早上，我往脸上涂抹的油基润肤膏是药剂师小批量配制的产品。这种润肤油含有8种成分，我熟知其中的每一种成分，都是植物萃取物，提炼的过程不复杂，从植物状态到瓶装的步骤也不多。

我使用的体香膏成分也是类似的天然配方：牛油树脂、小苏打、竹芋粉和精油。我甚至还自己在厨房炮制过体香膏，不过效果不怎么样。配制这样的东西完全不需要防护眼镜和橡胶手套。

---

1 英文缩写为INCI。20世纪40年代，美国化妆品行业提出区分和描述化妆品配料问题，由当时的美国盥洗品协会成立标准理事会，开始为化妆品配料建立名称和规格。

适合你家宝贝，也适合你

不知道有多少次我听到做父母的说想给自己的孩子寻找安全的产品，但他们觉得"败局已定"。败局并没有定。如果你用了某种护肤产品，你的孩子也就在使用这种产品。面霜、护肤液、香水，这些东西就是这样的：并不是你抹在哪里，它们就待在那里不动。它们会进入你的皮肤、随风飘荡，四处散播。所以我竭力让全家都用差不多同样的产品。简单一些，对全家人都好一些，浴室里也会少很多杂物。

DIY 美容护肤产品

买到完美的产品已经让人心满意足，可更为称心的是自己在厨房炮制各种用品。也许炮制出来的东西比不上药剂师调制的产品，但自己 DIY 的东西也提神醒脑、物美价廉。我喜欢冷泉药剂师[1]的《家用药剂师》以及罗丝玛丽·格兰思达[2]的《草本带来自然美》，利用这些书我制作了各种家用药品和 DIY 的美容用品。我家里常常都备有以下的物品：

甜杏仁油：这种油性质温和，没有气味，是一种非常理想的基础油，可以用来混合精油，也可以单独使用。作为一种润肤剂，它能够让皮肤变得柔软光滑，用作卸眼妆也非常有效。

泻盐：没有气味的自然矿物盐，富含镁和硫化物。可以用于软化皮肤、放松酸痛的肌肉。适用于泡脚，或全身泡澡放松。

椰子油：适用于制作各种美容和清洁产品（还可以用来烹饪）。我家的橱柜里总有一大罐的椰子油。

苹果酒醋：稀释之后的苹果酒醋洒在湿毛巾上就是爽肤水，效果超级棒。用一瓶子苹果酒醋浇在草药上就可以配制出芳香的草本滋补汤。用上一两汤勺，就能调制出美味的沙拉调味汁。

---

1 Cold Spring Apothecary，一家位于美国哈得孙河谷的健康美容公司，创建于 2010 年。
2 Herbalist Rosemary Gladstar，美国草药师，生于 1948 年，改变了美国的草药医学。

蜂蜡：如果你想更精致一些，可以用纯蜂蜡块来制作乳液、润唇膏、护手霜。当然了，还可以用蜂蜡来养护你的砧板和木头勺子。

干花和干香草：我有个旧茶叶罐，里面装满了干花：金盏花、玫瑰花瓣，还有薰衣草。除了用于泡澡，还可以用来制作药汤。

蜂蜜：嗓子疼，吃点蜂蜜不错。可以用来配制家用草本糖浆。夜深人静，想要简简单单地敷面膜，蜂蜜是个不错的选择。我家里总是备有一大桶蜂蜜。

精油：精油是把花朵、水果、树叶、根茎和树木的萃取物高度浓缩后得到的产品，这些东西可是我们家里做清洁和个人护理的中流砥柱。如果要购买精油，一定要选择有信誉的商家出售的有机 100% 纯精油，而且使用精油一定要小心。我最喜欢以下 10 种精油：

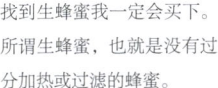
找到生蜂蜜我一定会买下。所谓生蜂蜜，也就是没有过分加热或过滤的蜂蜜。

- 甘菊精油：有着一种甜美的草本芬芳。具有舒缓放松的功效，抗菌、杀真菌。
- 桉树精油：有一种凉爽的味道。抗腐、抗菌、除臭。
- 葡萄柚精油：明快的柑橘芬芳。可改善心情。
- 薰衣草精油：花儿的芬芳。功能最多的精油之一。可舒缓情绪，对多种皮肤问题有治疗的功效。
- 柠檬精油：清爽的柑橘芬芳。用于消毒、除臭。可振奋精神。
- 薄荷精油：清新的薄荷味。防腐抗菌。
- 香叶天竺葵精油：甜美的花朵芬芳。价格比奥图玫瑰精油和玫瑰原油实惠很多。适用于各种皮肤类型，效果非常棒。
- 甜橙精油：气味明快，提神。
- 茶树精油：药用草本香。抗菌、防腐、抗病毒、杀真菌。
- 岩兰草精油：森林的芬芳。缓解焦虑、压力和肌肉疼痛。

神奇的砂糖去角质膏

我在家里最喜欢做的个人护理用品是一款基本的砂糖去角质膏,非常简单易行:只需要赤砂糖拌上椰子油,再加上精油就成了,你可以根据自己的心情和季节的变化而选择不同的精油。只需要几分钟,你就可以捣鼓出想要的东西,使用后皮肤光滑水嫩,还有沁人心脾的芬芳。

2/3 杯(140 克)椰子油
1 杯(220 克)赤砂糖
5 滴甜橙精油(可以按照自己的心情选择任何一种精油)
(待椰子油室温软化后)将椰子油、赤砂糖和精油在玻璃罐里搅拌均匀。淋浴的时候使用,清爽宜人。

06: Getting Dressed

第六章

穿戴打扮

> 有人说,衣物看上去好像是无关紧要的小事,但事实上它们所起的作用远远不只是保暖。衣物改变了我们对世界的看法,也改变了世界对我们的看法。
> ——弗吉尼亚·伍尔芙[1]

我已经大致地描述了该如何整理布置一个家。但是,我们穿的衣服,更准确地说,我们不穿的衣服往往才是造成家里凌乱的最大因素。抽屉柜里,壁橱里,还有床底,塞得满满的都是不会再穿的衣服,我们甚至根本就想不起它们。

我们当然要谈论一下如何整理衣橱,可是在这之前,我们有必要想一想该如何精简衣物。家里如果到处都是杂物,日常生活就感觉混乱无序,同样的道理,面对塞得满满的衣橱,我们清晨的第一件事情——穿戴打扮——就会变得压抑难受,不再轻松。

这种基于熟人的调查方式当然是非科学的,可我认识的每个人家里的壁橱的确都堆满了衣服,这些衣服或许不能穿了,或不会再穿、不想再穿。我们穿衣服是为了舒适、为了美观,如果这些衣服再也穿不出去,那堆积在衣橱里只会让穿戴打扮这一过程更为复杂。

我们可以指责自己养成了坏习惯,但我们也可以埋怨服装业不停地变换潮流、不停地生产出新衣服,而且价格还那么便宜。这是一种新格局。以前,时尚产业只生产春夏和秋冬两大系列的服装,主要的百货公司也就出售四季衣物。但

---

[1] 弗吉尼亚·伍尔芙(Virginia Woolf,1882—1941)。英国女作家、文学批评家和文学理论家,意识流文学代表人物,被誉为20世纪现代主义与女性主义的先锋。

第六章　穿戴打扮

现在众多的快时尚生产链已经取代了百货公司，可供选择的衣物随时都在更新。伊丽莎白·克莱因（Elizabeth Cline）在她的书《过度穿戴》中指出："服装店里陈列的衣服更替速度非常快，而且这种趋势越演越烈。这个星期还摆在店里，下个星期可能就消失了。每一年的时尚款式都不一样。"[1] 结果就是很多人都在不停地购物。克莱因引用了一份2008年的趋向性研究，这份研究指出美国人平均每年要购买64件新衣服，也就是说我们每个星期购买不止1件新衣服。[2] 衣服泛滥成灾，这也不足为怪了。那么，我们应该怎么办呢？

首先，看一看你已经有了些什么东西。

我家只有一个小小的三层抽屉柜和半个壁橱来储存衣物。我购物非常谨慎，即使这样，因为家居面积太小，我还是经常觉得自己拥有太多不想要的东西，而想要的东西却不够用。我想要整理出一个自己喜欢的衣橱，这是一个浩大的工程，第一步就是要逐步扔掉衣服。

换季的时候，我就会逐一查看我所有的衣服。除了那些非丢弃不可的衣服，我不会轻易扔掉过时的衣服。

首先，我把衣服分成三堆。

第一堆——留下的衣服。这些衣服很容易分拣出来。这些衣服都是我真正喜欢的，而且还可以穿的。其中有我经常穿的衣服，有我觉得穿上觉得美美的衣服，其中甚至还有一件运动衫，我去食品店买东西时喜欢穿这件衣服；也有我很少穿但非常适合特殊场合穿戴的衣服。当然了，整理的目标就是：这堆衣服数量应该最多。

第二堆——丢弃的衣服。不得不扔的衣服，毫无疑问该

---

[1] 伊丽莎白·克莱因，《过度穿戴》（纽约：企鹅出版社，2012），第102页。
[2] 伊丽莎白·克莱因，前揭书，第5页。

我的壁橱里只存放喜欢的和要穿的衣服,如此一来,穿衣搭配这件事情就变得容易多了。

我想要让抽屉柜里面和外面都一样整洁。

第六章　穿戴打扮

扔的：破掉的、不能穿的、看上去很丑的。这堆衣服整理出来后，我再次将它们分成两堆，其中一堆只能当抹布——想想吧，腋窝处有浓重的汗渍，怎么也洗不干净了；或有无法缝补的大口子和大洞——另一堆衣服对我来说是没有用但对别人而言可能还有用的。这一类衣服就是：不太合身的衣服。当然了，已经变形的衣服不在其列。有时这一类衣服中还有我压根儿就不应该买的东西。我把后面这一堆衣服装进袋子，按照它们的状况好坏，送到寄售商店或旧货店。

第三堆——再想一想。这一类衣服最难处理，我通常需要再看一看才能决定。它们都是一些我不喜欢的衣服，穿这些衣服的机会也很少，但我还没有准备好和它们说再见——其中一些衣服我最近没穿过，还有一些衣服我举棋不定。里面或许有一件价格不菲的毛衣，但穿在身上痒得难以忍受；或者是某条裤子，穿着不太舒服，但我想着也许外出就餐的时候可以穿穿。如果抽屉柜或壁橱还有多余的空间，我就把这一类衣服放回去，或者用有拉链的袋子把它们装起来，等到适合这些衣物的下一个季节来临时再看一看和考虑一下。等到了下一季，我有时直接拎着袋子就去了旧货店；但多日不见后，有时我又喜欢上了这些东西，其中就有一条牛仔裤成了我的最爱之一。

如果扔掉了喜爱的衣服，那我就要留心了。咦，刚才那件是我心爱的白色T恤吗？我那么喜爱那件T恤，可还是把它给毁了吗？如果是的话，还值不值得再买一件呢？我尽量做到不急于冲出去再买一件扔掉的衣物。衣服少一些，却还能心平气和，这是整理衣橱的第一步。

不要小看捐赠衣物这件事情。我也注意到了，当今的快时尚已经给旧货店带来了问题。10年前或15年前，逛一逛旧货店，你很有可能会有所斩获：一件漂亮的羊毛男士便装，一双复古皮靴,几件纯棉圆领 T 恤,上面还有可爱的小镇运动队标志。如今,旧货店里全都是不值得一看的东西。化纤材料制成的便宜衣物几乎淹没了捐赠中心点。捐赠中心也有非常精细的净化系统,以确保那些无人购买的东西不会长久地占用商店的空间。这些衣物一旦从货架上拿下来,就会被压制成方块状运输到大仓库。它们最后的命运通常是运输到国外,在接受这些东西的国家引发另一系列的反应。但我要说明的是,这并不是说你不应该捐赠衣物。根据美国环境保护局[1]的数据,美国人每年将 1270 万吨的纺织品送到了垃圾填埋场,也就是人均 68 磅的水平。根据环保局的估算,其中有 160 万吨纺织品是可以回收或再利用的。伊丽莎白·克莱因曾敏锐地在她的书中指出,我们总是有这样的错觉:觉得住在我们附近的人会需要这些衣服。我们自己购买衣服时没有做出明智的选择,却自我安慰地认为有人会需要我们不想要的衣物,而这样的看法并不一定正确。[2] 底线:不要把你不需要的衣物扔到垃圾桶,也不要指望你的邻居会需要这些东西。那么,请少买一点吧。

"培育"极简主义的衣橱

有了取舍衣服的习惯后,你需要找到一个策略恰当地添置衣物。各种选择迎面扑来,我在购物过程中也有目不暇接、手足无措之感。我是不是不该选这个呢?我是不是买了我并不喜欢的东西呢?我是不是一点也没有吸取教训,又开始了

---

1 美国国家环境保护局,简称 EPA 或 USEPA,中文常简称美国国家环保局或美国环保局。美国联邦政府的一个独立行政机构,主要负责维护自然环境和保护人类健康不受环境危害影响。
2 伊丽莎白·克莱因,前揭书,第 5 页。

第六章 穿戴打扮

"买买买"、"扔扔扔"的循环呢？在某种程度上，我想这些问题的答案都是肯定的。我们虽然尽力了，也难免做出错误的选择。在商店里试穿一件T恤，感觉不错，回到家里再一看，就觉得穿上既不好看也不舒服，简直穿不出去，跟想象的不一样嘛：我们都有过这样的经历。但是，我们总要穿衣打扮呀。

小标题中"培育"和"极简主义"这两个字眼看起来非常陌生，但就像我以前说过的那样，极简主义的衣橱就像是花园。你需要经常打理你的花园，清除垃圾和杂草,填土浇水,这样你的花园才会绚丽夺目。

| 选择调色盘

最美丽的花园始于色彩的选择。也许这个花园是灰绿色的草坪配上蓝色或深红色花朵，还有暗绿色的植物；也许是基础的黑白配。一个美丽的花园就是一个美丽的调色板。对我而言，"培育"极简主义的衣橱也是如此。

我的调色板主要是蓝色、灰色和白色，也搭配有一些黑色和棕色。很多情况下，这些颜色都会被描述为中性色。对我而言，这就是衣物简单化最便利的方式。当然了，这并不是唯一的途径。也许你的调色板是红色、黄色、蓝色，再点缀上绿色。无论你喜欢的是哪些颜色，如果你想要精简衣橱，我觉得最容易的方式就是找到你喜欢的颜色组合，然后坚持购买这些颜色的衣物。

色系相近的衣物很容易搭配。从抽屉里拿出某件东西时，我心里知道手里的东西肯定和下一件衣物搭配。在考虑衣橱的时候，我喜欢用打包行李的思维。打包时，我只会在行李包装上最容易搭配的衣物，这些衣物既能够上台面，也能够休闲穿搭，还应该是我喜欢穿的衣服。

当然了,衣橱里也可以有几件不同寻常的衣物。在我看来,秘诀就在于底子正统，这样才能容得下这些异类衣物。

基本款打底

"基本"（basic）在英语当中是个形容词。很长一段时间，我都认为把 basic 当作名词（基本款）使用是营销犯下的错误。但现在我已经改变了基调，成为了 basic 的信徒。

理念：购买一系列简单的衣物，不要多，若干基本款就能够搭配你大多数的衣服。关键在于这些基本款既可以单穿，也可以套上其他衣服而显得更为特别。

自从开始注意衣服的色系后，我发现自己最喜欢的衣服都是蓝色、灰色、黑色、棕色或白色，还有少量的绿色，偶尔有红色作为点缀。

第六章 穿戴打扮

在我自己的衣橱里，我最喜欢的衣服都很舒适，款式相当中性，设计非常简单，而我喜欢的基本款也是这样。

以前我没有意识到这一点，总是购买了太多打底衣。在过去的这一两年中，我留心观察自己每周到底用到了哪些基本款，最终的目的是减少那些很少用的衣服，增加在多种场合都能穿的衣服。我舍弃了一件镶边的吊带背心，原因是这件背心只能搭配一件毛衣，于是我换了一件可以和很多毛衣搭配的吊带背心。

你也不用一下子就扔掉壁橱里所有的衣物，然后再购置新的基本款。你需要留心观察，这才是重要的。我自己整理衣橱就是一个缓慢的过程，我要先发现什么衣服效果最好，然后再决定购置类似的东西或尝试新的衣物。我标识出需要替换的衣物，还列出自己希望购买的更好的款式，但我并不急于购买。在这一过程中，我发现有些东西并不值得再买，就会把这些选项划掉。这样做是为了培养一种仔细思考的谨慎态度。

慢节奏购物，参考限制性因素

我在生活中，选择了慢节奏购物并参考一些限制性因素，我幸运地整理创建出一个体现了谨慎思考的衣橱。如果我自动地在选择上设定了理念、生产或是材质方面的限定因素，自然而然地就买得少了。

以下就是我在购买衣物时的几条经验之谈：

道德标准：说到评判一件外套是否符合道德标准，那标准可不少。如果面对这样一份清单，我们可能马上就会双手一摊，说道："没关系，我干脆裸奔好了。"

如果大家都穿着天生的皮囊到处走动，我敢说那样的景象一定蔚为壮观。社会要求我们穿上衣服，这是有道理的。因此，我只能提议我们给自己一点时间思考一下这些衣物是哪里生产的、用什么生产的、谁生产的、怎么生产的，然后尽量做出对人伤害少一些、消耗宝贵资源少一些的选择。

一件外套要无可挑剔地做到道德完美，这是很难的，但如果你真心遵循批判性购物的标准，你很有可能就会做得很好。可喜的是，很多设计师已经开始建立透明政策。如果买一条普通的棉质紧身裤都要跟踪供应链，那需要的时间和精力就大了，你很有可能不愿意花这个工夫。但是，有的公司公开了自己的供应链，你可以选择从这些商家购物。

质量鉴定：便宜的衣物只要洗一次就不能再穿了，时尚价廉物美的伪装立刻就被揭穿。但是，有问题的不仅仅是廉价衣服。很多价位的衣服都有可能在版型或源头上出现问题。花了大价钱买来的东西，结果发现制作拙劣，无疑令人沮丧。那就学一学挑剔的曾祖母吧：仔细查看衣服的缝合处；购买之前一定要试穿，穿上衣服后抬起胳膊，检查袖孔是否平整；对着光看一看T恤。有些东西一定要亲自试过才能知道好坏，所以还是先买一件衬衣，穿过之后再决定要不要购买其他颜色。

面料因素：我尽量购买天然纤维或是源自天然纤维材质的衣服。我如此选择，是因为一种感觉——我喜欢浑厚的羊毛或柔软的棉织品，不喜欢涤纶混纺的东西。但同时我也考虑了透气性、穿着舒适性和对环境的影响。尽善尽美的东西是不存在的。棉花是一种天然纤维，但棉花的种植过程需要使用大量的杀虫剂。只要可能，我就会选择有机棉花和亚麻，它们在生产和制作过程中对环境的破坏要小一些。

忽略时尚：在我看来，创建极简主义衣橱的关键在于：至少要对部分当季的时尚视而不见。我自己也曾是变幻无常时尚风潮的受害者。撇开过往不堪回首的时尚选择不谈，现在我发现越是坚持简单不变的风格，我的衣服就能搭配出越多的花样。

第六章 穿戴打扮　　　　　　　　　　　　　　　　131

这样做有表现出极端爱国主义的危险，但我选择的道德标准之一就是"美国制造"。很多情况下，有了这个标签就意味着工人们得到了可维持生活的薪水、在安全的条件下工作，该公司为当地的经济做出了贡献。这个标准并不完美，但也是一个从美国本土出发考虑的限制性因素。

羊毛制品需要驱虫。我用棉布口袋，里面装上驱虫的草本植物。

我从来没有合适的地方存放大的首饰盒，所以我就用白色的小盘子装上经常用的首饰放在抽屉柜上，更为珍贵的首饰则放在有拉链的布袋子里。

第六章　穿戴打扮

小设计师：通过博客，我找到了很多网上的社区，继而发现了一些小设计师。有了电子商务的帮助，这些设计师可以直接将高质量的衣服出售给消费者。这些小企业主总是不断带给我惊喜。一点忠告：在退换货方面，这些小企业可比不上大服装公司。在花银子之前，一定要做足功课，反复查看尺寸和退换货政策。如果有可能，还是本人试一下衣服为好，询问朋友，或咨询买过这家产品的博友。

不要着急：购买衣服和购买家居产品也一样，好东西都是精挑细选来的。我衣橱中99%没用的衣服都是一时冲动买来的。如果你打算购买一件东西，或发现自己渴望很多东西，请远离这些东西，然后再仔细思考。鉴别出自己真心想拥有的东西，再沉淀一下购买的想法，最后就可以掏出钱包了。

穿别人的旧衣服：还是个孩子的时候，我就有幸穿过无数别人的旧衣服。我个头偏小，所以总是能够穿下我好朋友已经穿不下的衣服，于是她们的妈妈们总是把她们穿不下的衣服用垃圾袋装好放到我家，我一件件往袋子外面扔，只留下最喜欢的。不知怎么的，虽然身着同班同学不要的衣服，我并不觉得尴尬。

这种节俭的做法绝对是值得提倡的。但我发现当别人把东西当作礼物送来时，就难拒绝了。如果家里到处都是别人不要的东西，这当然也是个东西过剩的家。一定要让自己说NO。

爱惜衣物：我不会补袜子——懂得补袜子的确是一门可以炫耀的技艺——但我爱惜自己的衣服。精致的衣物，我手洗。很多衣服洗后，我都采用晾干而不是烘干的方式。我用温和的无毒洗衣液。到了收拾冬衣的时候，我都会用拉链袋子装上宝贝毛衣，并在衣橱里悬挂雪松、薰衣草和百里香，以免衣服遭虫蛀，而且这些干草还能在衣橱里散发好闻的味道。

07: Cooking&Entertaining

第七章

下厨和请客

没有人天生就是伟大的厨子，都是边做边学的。
——茱莉亚·查尔德[1]

在追求简单生活的过程中，一日三餐可谓有着独一无二的地位，它既是最容易简单化的东西，同时也是最复杂的东西。简言之，就餐给我们的肉体和精神提供营养和能量，这样我们才能进行日常的其他活动。从另一个角度看，就餐是休息和反思的机会，也是和朋友家人聚在餐桌旁分享一天生活的时刻，是我们互相交谈的时刻。

但是，就餐也可以让人倍感压力。经过一天繁忙的工作，除了应对各种任务，还要花时间准备食物，晚餐感觉就像是负担，至少是我们没有时间享受的奢侈。经过一天漫长的工作，我当然希望有人为我准备食物。我悠闲地躺在沙发上，读一本好书，而身边有个人在厨房里洗切炖煮，那样的感觉多么好呀。倒上一杯葡萄酒，我在一旁说着话；我还愿意打下手，切蒜末，我真心愿意把筹划晚餐的权利交给别人。可是，呜呼哀哉，我没多少机会享受这样细致入微的待遇。靠得住的食谱让人轻松不少。食品柜里装满食品，即使是个小小的食品柜也无妨。有了它，就知道自己随时都可以做出热乎乎的营养餐或赏心悦目的爽口食物，这是一大好处。

我习惯于做以前做过而且吃着觉得舒服的东西。午餐的时候，我也喜欢浏览一下博客或翻阅烹饪书，想一想晚餐的菜谱，找那种简单易行的食谱。繁忙的工作日晚上，不想在

---

[1] 茱莉亚·查尔德（Julia Child, 1912—2004），美国著名厨师、作家及电视节目主持人。

第七章 下厨和请客

厨房过多地劳作。

　　这也不是说每天晚上我都自制晚餐。有时我也会简单应付，叫上一份披萨，再随手抓一把绿色蔬菜拌上一碗沙拉。有些日子我们甚至连沙拉都不准备，只吃披萨。准备晚餐要花很多时间？人们对此的认识有误。在上文提到过的洛杉矶对美国家庭的调查中，研究者注意到了人们在就餐时间上的两大现象。第一个现象是，家庭大量囤积预制食品，到了晚餐时间，这些预制食品就派上用场，通常每个家庭成员都会选择不同的食物。第二点就是，同自制晚餐相比，利用预制食品准备晚餐实际上只节约了几分钟的时间。

我总是会在家里厨房的台面上备一小碗大蒜和洋葱这样的调味菜。

　　对我而言，准备晚餐的过程更多的时候是一段非常享受的闲散时光。这时，我离开了电脑屏幕，而我有一半的写作都是在切蔬菜的时候完成的，也就是说我在切西兰花的同时，脑袋里正在捣鼓文章。我瞪着锅里翻腾的意大利面，眼睛都快成斗鸡眼了。有些时候我早早地就开始准备晚餐，这样我的手就忙碌起来，脑子得到了安宁，创作的状态再次启动。到了下午晚些时候，我就陷入了创作的低迷期，这时我就会走向冰箱。我会蹲下，站起，做一做平衡动作，然后拿出一捆甘蓝或一把胡萝卜。我手里转动着洋葱，剥掉洋葱皮，就像条件反射一样，一开始切洋葱，我的呼吸就平静下来。

我发现，在市场买菜的时候，只需要购买那些赏心悦目的东西，这样就不用费尽心思地筹划菜单了。小萝卜看起来很新鲜？好的，就吃它了。

第七章 下厨和请客

但是，在下午晚些时候，我并不是总有时间这样沉溺于厨房。我要接小孩，有稿件要赶，还有许许多多其他更为重要的事情。因此，虽然我给切洋葱抹上了诗情画意的色调，我还是要给大家一些实用的小窍门。

关于食物，人们已经有了太多的建议和原则，在这一章我并不想就此画蛇添足。我要申明的一点是：我并非专业大厨，也非专业营养师。该怎么吃东西？我家主要还是遵循饮食作家的专业意见。迈克尔·波伦[1]有一句至理名言："吃食物。不要吃太多。以素食为主。"只要开始实践，这样的原则是很容易坚持下来的。我和詹姆斯共同承担厨房的工作。我们尽量用天然的食物做出简单、平衡和营养的餐食。我碰巧是个素食者，而詹姆斯碰巧对土豆严重过敏；我非常喜欢奶制品，他钟爱意大利面。但我们个人的饮食禁忌或偏好并不重要，我家里奉行的是简单可行的烹饪方法，这种方法既可以吃得饱饱的，又可以保持简单的生活方式。

在我看来，想要简单的一餐，那就得在家里储备一些基本的食材，特别是要让有营养的、新鲜的、易得的食材主导我们的饮食。

膳食计划

膳食计划听起来好像很费工，很麻烦，而且好像很煞风景，但其实是简单生活的技巧之一。我想着膳食计划，就仿佛看到了电子表格和购物单。如果提前就制定好一个星期要吃的东西，那不就失去了那种随心所欲的快乐了吗？

---

[1] 迈克尔·波伦（Michael Pollan），美国作家、专栏作家、行动主义者、新闻学教授。

但膳食计划的另一方面就是能省掉到晚餐时间还毫无头绪的慌乱。

在我家里,装水果的碗是放在厨房餐桌上的,这样做的好处就是水果能真正被吃掉,而不是在冰箱里干瘪掉。

第七章 下厨和请客

在我看来，最好的购买食品计划需要有一些灵活性。我觉得，如果要厨房如同流水线一般地制作出晚餐，最简单的方式是，一部分靠家里储备的主食，另一部分靠我走路回家路上随心购买的食材。

现在，我和詹姆斯几乎每天都会到附近的食品店买东西。没错，这是城市生活的方便之处。当年，住在北卡罗来纳州，我们喜爱的食品店距离我家有数公里，只能驱车前往。当时我们只能提前做好计划，储备食材。现在，走出家门，只需要经过4个街区，就能到达最近的食品店。同样在距离我家门口4个街区的地方，一周之内有三天会有农夫市场。回家路上，看到一捆芦笋，觉得心动了，就临时起意决定做芦笋馅饼。我非常享受这样的快乐。

走路回家，路上停下来在食品店买点东西，这是一种选择，但如果这样的选择无法融入你的日常生活，那我觉得你可以尝试一下固定模式和随意自由相结合的体系。

建立"工作日晚餐框架"是个不错的办法。我们并不是周复一周地吃相同的东西，但我们的确是常吃相似的东西。比如说，星期一，意大利面；星期二，炒饭；星期三，沙拉；星期四，汤；星期五，三明治。

我们当然会变化顺序、变化食材，但心中有个框架，买东西的时候就会快很多。

自己下厨，而且还没有疯掉，怎么办到的？那就是我们吃什么，我们女儿就吃什么，这一点非常有用。除了一罐子西梅干，我们没有买过其他任何预制的婴儿食品。我也不会在炉子前又煮又炖地辛苦劳作。大多数时候我们都试着来。

法耶刚开始吃固体食物的时候，我们给她的燕麦粥会多煮一会儿，还把香蕉碾成泥，这些东西本来就是家里已有的，不过多加工一下，以便孩子咀嚼吞咽。不久孩子就能吃我们

在一个安静的周末下午，花上5分钟的时间把甘蓝叶子摘下来，这样接下来一周的时间我就能省掉这个麻烦，从容不迫地准备晚餐了。

吃的食物了，比我们预想的早一些。当然了，有时看起来她并不喜欢我们给她端上来的食物。但我们不以为意，今天不喜欢，那我们再另找个时间试一试西兰花。

该如何喂养小孩呢？这里的学问太多了，我们从中借鉴了我们认为言之有理的东西。酸奶、扁豆泥和苹果酱之类的东西，我们就用勺子喂法耶；诸如小块的牛油果、鹰嘴豆、小块的豆腐，我们就让她自己吃。慢慢地，她就会学会用刀叉了，她有自己的一套不锈钢小刀叉。我们不打算为她购置塑料的整套餐具。晚餐的时候，法耶用的是一个小小的玻璃杯。我们坐下吃饭的时候，每隔一两天，她就会打翻玻璃杯，仅此而已。我们边学边教，共同成长。

提前准备

家里厨房很小，我因此养成了一个习惯，那就是在一周开始之际准备一些食物，这样很方便。厨房的操作台很有限，下厨时怎么充分利用操作台就成了关键问题。我的冰箱也不大，因此并没有很多空间来储存食物，但如果我提前切好蔬菜、煮好鸡蛋，或提前煮好米饭，到了某天准备晚餐的时候，我的水池里就不会挤满了盘子。这样做还有个好处，就是我肯定会去利用已经买好的食材。比如说，在星期六或星期天，我找个空闲的时间把在农夫市场买来的蔬菜准备好，这样接下来的一周中我就不容易忘记这些食材。我必须承认，在一周的时间里，看着自己的冰箱越来越空，心里美滋滋的。

当然了，这样做也节约时间。周末的下午，我抽出45分钟的时间，可以煮好用来拌鸡蛋沙拉的白水蛋，搓洗好胡萝卜，择好并且洗净甘蓝。工作日准备晚餐时，我就节约下了这些时间，准备晚餐也就没有那么让人望而生畏了。

购买散装食品

我并不是说要一口气买下 36 卷卫生纸。住在小公寓里，我们缺少耐用品的存放空间。事实上，不仅如此，食品的储存空间也是个大问题。食材很占用空间，没人愿意把一大袋印度香米放在自家的沙发上，所以在食品店买东西回家时要三思。

我们在当地独立食品店的散装区购买食材，这很大程度上解决了储存的问题。这种购物方法有三大好处：你想买多少就买多少、没有多余的包装、经济划算。额外的奖励就是：你觉得非常有萝拉·英格斯·怀德[1]的味道。

只要稍微调查一下，你很有可能在家附近就能找到散装出售商品的食品店。还记得我说的要找队友吗？道理很简单：食品店每样东西都会大批进货，所以你就不需要大批购买了。家里的罐子有多大，你就买多少藜麦、大米或葡萄干，再也不用操心如何储存各种形状、不知道往哪里放的口袋和盒子了。如果购物时再带上自己的布料购物袋，你就减少了扔往垃圾场或回收中心的垃圾。

在我家，我喜欢用梅森罐来储存散装食材。大约 15 美元就能买到 12 个罐子（如果你愿意花时间收集旧罐子，甚至根本就不用花钱），这些东西绝对是物有所值。各种大小的罐子都有，如果有些东西想要多储存一些，比如说糖或面粉，那就买大一些的；有些东西想要少储存一些，比如说杏干，那就买小一些的。在有开放式搁板的厨房里，即使是梅森罐的基本款，摆放在上面也非常漂亮，你会乐意把它们陈列出来。

---

[1] 萝拉·英格斯·怀德（Laura Ingalls Wilder，1867—1957），美国作家。作品内容大部分是以自己童年时代的西部开拓故事为背景，最有名的小说是《大草原之家》（*Little House on the Prairie*）。

在棉布上面涂蜂蜡、荷荷巴[1]油和树胶，就能创造出"蜜蜂包装纸"[2]一般的神奇布料，这种布料会紧贴在碗上，就像保鲜膜一样。接下来学着制作自己的神奇布料吧。

1　荷荷巴（Jojoba，又名霍霍巴），一种墨西哥原生的植物，这种灌木果实种子中的油，自古就用于各种保养与治疗。
2　Bee's Wrap，食品包装纸的一种品牌。

储存食物

想减少生活中的浪费，一部分的努力就在于我们如何储存吃剩的食物。保鲜膜和铝箔纸是一次性用品，大多数情况下，使用之后就直接到了垃圾场，所以我们选择了加盖的玻璃容器。或者我们来点创意：沙拉碗上盖一个点心盘子，里面的沙拉保存一天完全没有问题。包装黄油的蜡纸可以用来包裹需要放入冰箱冷藏的油酥面团。果酱罐子可以反复使用，用来盛放多余的汤——一点也不比特百惠储物盒逊色。

当然，有些时候也想图个方便。我家里随时都备有一卷烘焙纸，有时我们也用烘焙纸包上布朗尼送给朋友或用它包裹剩下的洋葱。我们也用弗蒙特州产的"蜂蜜包装纸"，非常好用。

> 如果家里随时都储存有主食，即使某天晚上等到饥肠辘辘才想到晚餐问题，我们也能有东西变出一顿晚餐。

养成习惯

对于我们而言，简单就餐更多地是简化用餐行为。用餐时我们就只是吃东西，不会边吃边工作，也不会边吃边看手机。我在本书的开篇就说过，生活不总是那么简单，生活中有无数可能存在的干扰或借口。繁忙的工作日还要特地准备晚餐本来就是挑战，为什么我们还要坐下来用上这么一餐呢？在我家里，我们至少每个星期会和我姐姐以及她的家人坐在一起共享一顿晚餐，就餐的地点或许是她的小公寓，或许是我的。如果就餐地点没在我家，那我们就得全家出动，挤进地铁，沿着东河[1]下方一路前进。铁轨轰隆作响中，有时我情不自禁就会想，这个时间如果在家里做事也不错，有好些事情呢：

---

1 东河是美国纽约州东南部的海峡，位于曼哈顿岛与长岛之间。

家里需要吸尘，我还有一篇博文要写，或者提前把下周的事情做一些。每周和我姐姐共进晚餐是一种必要的"干扰"。我们走出自己的生活，走入彼此的生活，这种"干扰"至关重要。我们聚在一起，闹哄哄、乐呵呵的，最后大家感觉都更好了。我们四个大人，加上两个小孩，有时不得不用上两个大人来伺弄小孩。有时在准备食物的时候，大家的谈话就被喧闹的"一闪一闪亮晶晶"欢快歌声淹没了。有时我们中的一个人得坐在地板上，专门负责用积木修建高塔，而高塔的明确作用就是被推倒，然后又再来。我们在一起，我们一起吃东西，享受食物，最重要的是，我们享受彼此的陪伴。

请客

如果你住在小公寓，不想发疯，而且还想邀请朋友来用晚餐，那就需要提前计划。这并不是什么刚性的要求，但真的很有用。即使家里空间宽敞，请客时简单化也能让所有参与的人最大限度地得到快乐。我觉得朋友聚餐，最好的就是简单食物：一锅菜，小点心，还有可以提前准备好的菜。许多非常爽口的食品都能盛放在一个容器，比如说开胃馅饼、汤、肉馅饼、千层面、丰盛的主菜沙拉。这些都是受人喜爱的大众菜品，不需要很多盘子和餐具，而复杂的菜品则相反。许多这种一锅菜准备好后，放置一段时间，然后再上桌，它们的味道都会更好：汤放上一两个小时就更浓郁了；辣椒的味道融合到菜中需要时间；馅饼放置在烤箱中，一个小时后上桌，正好是常温。

无论准备什么样的菜，你至少要在客人到达之前完成部分菜品，这样你才有更多的时间和客人待在一起，你的客人也不会觉得自己碍手碍脚。在准备食物的同时，抽点时间摆

周末聚会的时候，我经常准备开胃馅饼。准备过程简单，大家吃得开心，而且馅饼的种类变化无穷，每一种都是如此可口。最妙的是，还可以带着馅饼去野餐。

好桌子，尽可能地打扫干净房间。如果没法弄干净，就放在看不见的地方。听起来荒唐，可家里空间就是这么小，你总要想法子解决问题。油腻腻的煎锅放在炉子后面（或放在浴缸里），等到有时间再清洗，这样煎锅就不必放在外面占用空间，而你可以利用多出来的空间做更有趣的事情。

最好的聚会都是很简单的那种，不需要虚伪或炫耀。我发现，只要遵循几个基本的原则，不需要太多的工夫，你就可以提升简单聚会的规格。

- 用上菜盘。上菜的盘子不拘泥是否为正式的大盘子，可以是几个小盘子拼在一起当作大盘。目的就是不要用商店的包装，要精心摆盘。
- 不要在意形式。用葡萄酒杯是一种令人愉快的享受，但用水杯也一样可以饮用葡萄酒。如果你没有存放高脚杯的空间，或没有购买高脚杯的预算，那就用简单的平底酒杯好了。

第七章 下厨和请客

- 优质的餐巾。餐巾并不是只有特别的场合才使用的东西。为了避免产生不必要的垃圾，我通常不会选择一次性餐具。但如果你邀请了很多客人，家里的餐具刀叉不够用，那当然要选择最简单的方法，购买简单的可循环纸质餐具。
- 开口求助。如果你知道朋友家里正好有一个超大号的沙拉碗，而你正需要这样的碗来招待客人，那就开口借来一用吧。自己去朋友家取，送还回去的时候记得感谢别人。我觉得，想要避免一次性的浪费或避免最后一分钟去买一些你并不需要的东西，最简单的方式就是开口求助。
- 临时餐边柜。即使在狭小的空间，也可以用并非餐边柜的东西临时替代一下：比如说洗衣机或烘干机的顶部，熨衣板，或把厨房操作台清理出一块地盘来。
- 增加一点绿色。要特地给空间增添一点绿色。比如说一小把花或一个新鲜的绿枝条插在小瓶子里，要不就把这些东西散放在桌面，这样能够给聚会增添喜气。
- 用香草泡水。如果你想要选择简单的饮品，那就在大水罐里泡上香草和水果吧，这样的东西立刻就能给餐桌增色不少，而且非常可口。

08: Cleaning

第八章

打扫清洁

家里的东西，要么就是你认为有用的，要么就是你眼中美丽的。

——威廉·莫里斯[1]

如果你是女性，再加上你清洁家中里里外外的工具只有一点小苏打和你自己的眼泪——如果只有小苏打做清洁，你当然哭得出来哦——DIY清洁自然会非常艰难。我并不是说大家应该回归艰辛的生活，可是面对各种售卖的清洁方便用品，我们至少应该有辨识能力。我自然不会建议大家回归拓荒者的生活方式，但我觉得应该讲一讲一些天然环保的清洁方式。打扫清洁，不需要花费多少钱，而且还能避免有毒物质，对此大家应该有信心。

在美国，走进任何一家五金店、食品店或药店，你总能看到一两个大货架，上面摆满了各种家用清洁用品。选择可谓应有尽有，每种选择都号称与众不同。有专门用来清洁抽水马桶的，也有清洁瓷砖的，清洁布料、玻璃的，还有专门清洁家具的。各类清洁剂上面印有亮晶晶的葡萄酒杯、一把把鲜花，还有一道道彩虹。如果你心里想着简单才好，有些选择就已经不在选择的行列了。只消看一眼这些清洁剂的配方，你就明白里面装着的可不仅仅是蓝天白云和阳光。但清洁剂不同于化妆品，只看配方我们是不能完全明白里面的成分的，我们还需要打电话咨询和广泛研究才能搞清楚这一瓶

---

[1] 威廉·莫里斯（William Morris），19世纪英国设计师、诗人、早期社会主义活动家及自学成才的工匠。他设计、监制或亲手制造的家具、纺织品、花窗玻璃、壁纸以及其他各类装饰品引发了工艺美术运动，一改维多利亚时代以来的流行品味。

第八章　打扫清洁

子化学制剂到底是什么。想一想吧，1976年美国通过了《有毒物质控制法令》，明文规定市场不经过测试就能使用62000种化学制剂，之后又批准了20000种化学制剂的使用。有多少制剂是经过测试的呢？只有大约200种。又有多少是在管制使用的呢？只有5种。[1]

简而言之，为了锃亮的洗碗机还有洁白如新的抽水马桶，我们每天都把大量的合成化学试剂冲进我们的下水道，倒进我们的洗碗池，家里到处都是有毒泡沫。这些东西损害我们的双手和鼻腔黏膜，我们也因此暴露于各种致癌物质当中。我这样说也许显得有些危言耸听，但我们真的可以选择不这样，我们可以做出更好的选择。不仅如此，我们做出更好的选择后，我们的生活和购物会因此变得更加简单。

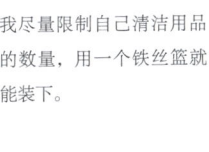
我尽量限制自己清洁用品的数量，用一个铁丝篮就能装下。

1　《赶走有毒物质》，自然资源保护委员会，http://www.nrdc.org/health/toxics.asp

极简生活

我把用于清洁的肥皂和油存放在玻璃罐里。

　　在我看来,清洁窍门听起来真的非常蠢,但超级有效。红葡萄酒渍?用盐就能清除!不锈钢产品上的斑点?用椰子油。煎锅上厚厚的油渍?陶瓷水盆的污渍?小苏打就能解决。砧板有异味?半个柠檬再加一些盐就能解决问题。

需要说明一点：清洁需要时间和体力，是一项体力活，但并不一定要需要一大堆清洁剂、工具和一次性用品。这些东西在一定程度上只会变成家里的杂物。

如果每种清洁问题都要不同的清洁剂，那你的柜子肯定拥挤不堪。相反，如果柜子里只储存几件基本的清洁用品，我想取用会非常方便，看上去也赏心悦目。

如果你没有时间制作清洁剂，该怎么办呢？我就曾经历过这种事。当然了，市场上有一些清洁剂非常有效，而且商家考虑周到，没有在里面加上有毒化学制剂。想要找到队友？我认为最好的方式就是找到那些用贴心和透明的方式来制作产品的商家。

有用又好看的清洁用品

威廉·莫里斯说过："家里的东西，要么就是你认为有用的，要么就是你眼中美丽的。"人们常常把这句话挂在嘴边，可很少付诸实践。或者说理论上这句话听起来非常有道理，可因为预算、个性或运气等原因，这一理论很难实现。但是，如果我们志存高远，这一理论就是我们可以追求的理想，即使是清洁用品也是如此。

看一眼你的清洁间。（如果你也像我一样，住在狭小的公寓，那就看一眼放扫帚的壁橱，扫帚的旁边放着各种其他东西，比如说衣服和鞋子。）很有可能你会看到各色清洁用品，也许还有你大学时期的塑料扫帚，一个边角已经裂口的塑料簸箕，也许还有不要的拖把和一口袋干掉的海绵。如果你是我爸爸那种人，那清洁间里很可能还有一摞空咖啡罐子，想着什么时候可以用来装颜料或烹饪用的动物油。（这是一种节俭，可也产生了杂物。）我们通常不会有计划地购买清洁用品。常常是搬到新家后,看到浴缸脏得不成样子;或是马桶堵了,家里没有皮搋子;或是镜子脏兮兮的,而客人却要来了:这种时候我们才在慌乱中跑到五金店购买清洁用品。

无论是清洁用品还是其他东西,我都发现没有过度改良的设计是最好的。我们公寓的簸箕和扫帚就像是一个世纪之前的用品。

第八章 打扫清洁

我觉得慌乱之中去购物是不可取的。这些清洁用品价廉物丑，问题不在于这些东西不耐用，而是它们**太耐用了**。这些刷子、扫帚和马桶刷放在家里，看上去一点也不协调，可就是这么耐用，怎么也用不坏。如果在购买这些小东西的时候我们稍微花一点心思，像我们买鞋那样精挑细选，就会买到更美观、更环保的产品。住在狭小的公寓里，我觉得即使是日常的清洁用品也要美观实用。我没法把丑陋的塑料扫帚或刷子放进食品柜或壁橱，于是我开始慢慢地寻找耐用耐看的产品，以取代这些自从大学时代就一直跟随我的塑料用品。当然了，问题的关键是，如果只是为了美观就把以前购买的刷子扔进垃圾场，这也不是环保的解决方案。但是，如果你是第一次购买扫帚，那就着眼长远一点吧，既要考虑美观也要考虑实用。便宜的扫帚也非常耐用，但如果摆放在你书架旁边的角落，那就煞风景了。

| 木刷子的保养

如果你花时间买来了一套美观的木刷子，那你就需要保养这些东西了。要记住：如果经常使用，木头刷子就会磨损。我总结了以下几个延长木刷子使用寿命的小窍门。

不要泡在水里：用于清洗蔬菜和玻璃瓶的刷子，不用的时候，我就把它放在玻璃罐子里。刷头朝上，这样就能自然晾干。

漂洗干净：木头（或其他）刷子变得腻腻的？肥皂泡泡是罪魁祸首。把刷子放在热水里好好漂洗，一定要洗干净泡泡再晾干。

替换：木头刷子总是有使用寿命的，要替换。

DIY 清洁产品

从来没有尝试过 DIY 清洁产品？以下是新手可以尝试的简单方法。

洗碗皂液：在橄榄皂液里面加上一点精油，洗碗这件苦差事也就不再那么无趣了。我喜欢的配方是 20 盎司（600 毫升）的橄榄皂液中加上 10 滴薰衣草精油和 10 滴茶树精油，然后换装到简单的玻璃瓶子里，配上喷口，放在厨房的操作台上。

玻璃清洁剂：等量的白醋和水再加上几滴柑橘精油，就成了很不错的玻璃清洁剂，我喜欢橘子或西柚的芬芳。喷上这种清洁剂，再用旧报纸把玻璃擦干，这样玻璃上就不会留下抹布的绒毛。

木地板清洁剂：等量的白醋和水混合，再多加一点薄荷油，我通常使用的剂量是 20 滴。把混合后的液体盛放到喷雾瓶中，喷在拖把上。如果地板实在很脏，就在温水中加上少量橄榄皂液，再加上薄荷精油。加精油有什么额外的好处？老鼠讨厌这种味道。如果你住在像纽约这样老鼠为患的城市，家里就免了这些小动物的骚扰。如果你家的小孩或宠物不喜欢薄荷的味道，你可以换成薰衣草精油。

拯救油腻腻的锅：做完晚饭，锅里油腻腻的，而且还粘锅结块了？趁着锅还热的时候，多放小苏打，然后加水。接着你就可以放心用餐，吃完之后再来清洗就容易得多。如果忘了提前做好这一步，锅已经冷了，没关系，在锅里加上小苏打和开水。接下来你就清洗其他盘子，最后照常清理锅就行了。（使用燃气炉的锅也可以这样清洗，洗后焕然一新。）

水池清洁剂：准备四分之一杯（30克）小苏打和二分之一杯（120毫升）白醋，倒进水池（通常我只量取一个大概值），再加上几滴你最喜欢的清新气味的精油。就像在小学做的科学实验一样，这两种东西混在一起会产生一种令人满意的泡沫。用海绵或刷子擦拭一下水池，再用温水一冲。如果还有小苏打残留，就再倒一点醋清洗。

清除黏合剂：我会习惯性地撕掉产品的商标，所以经常用到这种混合物。等量的小苏打和椰子油混合，制成一种黏稠的膏状物。把这种膏状物直接涂抹在你想要清除的黏合剂上面，然后再用温热的抹布擦拭。稍微用点力气，撕掉商标后的残留黏合剂就消失得无影无踪。

| **注意安全**

这些清洁方法使用的都是天然产品，不会涉及任何神经毒素，也不会涉及那些我们甚至都不想谈论的成分，但如果这些东西进入肠道，也是有严重后果的。任何用来做清洁的东西都应该小心使用，而且你还需要具备一定的常识。记住：精油中也含有多种挥发性有机污染物。正因为如此，我们才能嗅到精油的气味！精油不是化学合成品，不会在我们体内堆积，也不是已知的致癌物，但它们是高度浓缩物，使用的时候务必小心，注意小剂量使用。打扫卫生的时候，即使我使用的清洁剂不过是小苏打和醋，我也会戴上橡胶手套。所有的这些产品都应该放在小孩够不着的地方。

清洁必需品

我在厨房水池的下方放了一个篮子，里面装满了我的清洁用品。清单如下：

白醋：纯粹的蒸馏白醋——就是可以用来腌泡菜的那种——正是你可以购买的最为强大的天然清洁剂。等量的白醋和水配在一起，就是万能的清洁剂。洗衣服的时候加上白醋，可以当作柔顺剂使用（还可以预防毛巾发霉，甚至用来清洗发霉的毛巾）。白醋的味道在晾晒过程中会挥发掉，因此完全不用担心自己的家里闻起来像腌黄瓜的味道。

小苏打：又称作碳酸氢钠。有什么事情是小苏打办不到的呢？反正我不太清楚。在除臭方面，小苏打简直就是无所不能。经过小苏打的洗礼，所有的不锈钢制品都会焕然一新，这是任何产品都无法比拟的。

柠檬：事实上，我没有把柠檬放在水池下方，而是放在冰箱里——冰箱里也存储有我的清洁武器。柠檬可以用于除臭和去油脂。我喜欢用半个柠檬，再加上一点小苏打或盐来清洗我的砧板。

橄榄皂液：这是一种温和的天然萃取的基础肥皂液，可以用于清洗任何东西。在天然食品店，你通常都可以买到散装的橄榄皂液，这种肥皂不含其他餐具清洁剂中的石油成分。加上精油，很容易就调配出芬芳的气息。

精油：做清洁的时候，我最喜欢的精油是西柚、薰衣草、茶树、甜橙和薄荷精油。更多的精油使用方法，请参照 117 页。

椰子油： 万能的椰子油，随时随地都能派上用场。从保养铸铁锅到去除黏合剂，我都使用椰子油。

以下是我觉得有用的清洁用品和配方：

抹布： 我喜欢把 100% 的棉布或亚麻布裁剪成一样大小的方块。心爱的运动 T 恤、面粉口袋、洗碗布，等到这些东西不能用了，都能做成柔软的抹布。

蔬菜洗濯刷： 我在罐子里搁了一把经典款的蔬菜洗濯刷，放在水池边，用来刷盘子或清洗木头砧板。

玻璃瓶刷： 我有两把大小不同的玻璃瓶刷，用来清洗玻璃花瓶和瓶子里不容易清洗的地方。

马桶刷： 美观的木制马桶刷，很不容易找到，但也不是不可能。我一直都想要这么一把，但依然没有找到。我们家选择的是宜家的一款加筒的金属马桶刷，款式非常简洁。

报纸： 清洁窗户玻璃和镜子的时候，不用抹布，选用报纸就不会留下绒毛。

玻璃喷雾瓶： 自制清洁剂，你就需要有个喷雾瓶。经典的醋瓶口大小就和传统的喷雾瓶口大小一致，所以你可以在玻璃瓶上加一个塑料喷嘴，这样你就可以用来灌装自制的清洁剂了。不锈钢的喷雾瓶也很耐用，而且重量还轻一些。

椰壳纤维刷： 椰壳纤维制品，这种纤维来自椰子的外壳。这种硬毛刷非常结实，我们用来洗刷铸铁锅。

真空吸尘器： 即使住在最小的公寓，我们也在壁橱里存放了一个标准大小的吸尘器。我自己的经验是：小型吸尘器不起作用，而且很容易坏。到了回收垃圾的日子，只要看一看路边堆放的小型吸尘器数量，你就知道我此言不虚。

金属簸箕和小笤帚： 我有时也不想把吸尘器搬出来，这时结实的小笤帚和小簸箕就非常实用。金属簸箕的边缘干净利落，打扫非常容易。我自己偏爱经典款的稻草小笤帚。

我觉得椰壳纤维刷是天然产品,只不过这种刷子带有宝蓝色或黄色的塑料配件。

我们往一个有倾倒口的威士忌酒瓶里倒进一些肥皂液,放在厨房水槽处。

第八章 打扫清洁

湿拖把： 平时我们行走在纽约街道的灰尘中，回家时我们要换鞋进屋，避免把灰尘带到家里。虽然如此，海绵拖把对我们而言还是非常有用。两周用海绵拖把拖一次地，这样才能保持家里亮堂堂的，特别是家里还有个到处爬的孩子。

水桶或水盆： 我们用一个旧的搪瓷盆来拖地。不拖地的时候，搪瓷盆实用纯朴的外观又可以看作是一件装饰品。

09: Thriving

第九章
盎然生机

> ……空气和流水是那么令人心醉；清晨散步或傍晚闲逛都让人精神为之一振；相比别人赠送的热带水果，找寻野生浆果更让人心满意足；夜空的繁星让人震撼；春天，看到一个鸟窝或是一朵野花，都让人兴奋不已。
>
> ——约翰·巴勒斯[1]

生活总是比表象更为复杂。就像写博客，我分享的只是某一天，某个星期或某一年的一部分生活，我本人就知道博客的真相。生活中有很多美丽的瞬间，有一些我会用来分享，有一些则会珍藏在自己心中。悲伤也是如此。无论你生活在什么样的房子里，无论你拥有什么东西，所有人每天的生活中都有喜怒哀乐和成长。

在生活中，我肯定有觉得自己房子太小的时候。有时，我会觉得房子小得我都快喘不过气来了。我们住在最小的那套公寓时，有时我想多霸占一点空间。我们的公寓大一点时，我也想过多霸占一点空间。毕竟弗吉尼亚·伍尔芙也曾这样。

即使在这样的时候，我也找到了让自己放松的办法。虽然居住环境狭窄，也许坏心情也正是源于此，但我也要拥有盎然生机。

这一章节，我要谈论一下如何简单地照顾自己，如何照顾我们的家。我们要对自己的生活多一点掌控，时刻铭记什么是真正重要的，与此同时善待自己。

---

[1] 约翰·巴勒斯（John Burroughs），当过农民、教师、专栏作家、经纪人以及政府职员。他专注于体验自然、书写自然，代表作《醒来的森林》是自然文学的经典之作。

第九章 盎然生机

室内种点什么

室内盆栽花草总能点亮我们的心情。但室内盆栽容易发霉,我肯定不是唯一有这个问题的人。多年来,我祖母家的桌子上都摆放着盆栽,我对它们很熟悉。餐厅光线朦胧,因此她放置在餐厅的都是不太需要阳光的植物——它们是不需要阳光也能生机盎然的类型。我记得最清楚的是非洲紫苣苔和虎尾兰。虽然家里有绿色植物,但景色还是黯淡。

但是,只要数量恰当,盆栽就是让家里充满生机的不二选择。我家的窗沿上摆满了盆栽,家里的角落里再摆放一两个,增添一点色调。

我以前做过园艺网站的编辑,对如何用盆栽点缀家居有所了解。

和人一样,盆栽也需要精心的照顾。完全不需要照顾的

残冬时节,我喜欢用人工手段让花枝开花,以此迎接春天的来到。只要有水,再加上一点耐心,大多数花枝都可以早开花。我最喜欢的有山茱萸、连翘、柑橘、樱花和山楂。

用盆栽给家中增添一点色彩，能在视觉上整体地改变房间。盆栽不仅让房间变得漂亮，它们还制造氧气，吸收污染空气的有毒气体苯和甲醛。这一点可以咨询NASA[1]。[2]每年春天，我都会给盆栽换盆。

在户外的窗栏花箱里种植香草是个不错的选择，经济实惠，而且任何人都可以种，不需要技巧。

---

1 美国国家航空航天局。
2 《室内植物减轻室内空气污染》（报告，NASA，1989年9月15日），B.C.沃尔弗敦、安妮·约翰逊、基斯·邦兹，http://ntrs.nasa.gov/archive/nasa/casi.ntrs.nasa.gov/19930073077.pdf.

第九章　盎然生机

盆栽只有假花假草。如果你家里光线阴暗而你又没有浇水，或者虽然你按时浇水可花盆太小了，那你的盆栽都长不好——很抱歉，我说了大实话，我真不知道粉饰这一事实有什么好处。有没有好消息呢？有的，伺弄花草很有可能就是你需要的低调爱好。偶尔对你的虎尾兰说一两句甜言蜜语或一周浇上一点水，这花不了多少时间。大多数盆栽只需要一个洒满阳光的窗沿，除此之外你不需要花多少工夫。

户外

我想象自己年纪大了，画面中的我会在某处找到一块地（也许会是在布鲁克林某处公寓的后花园，或是缅因州的小山顶）。我会种一点简单的东西来吃，也会种上很多花和香草，这些东西会触动人内心柔软的一面。我会种上奶白色的燕麦草和美味的甘菊。我会种上五种不同的薄荷草——为什么不呢？我还会种上一丛覆盆子，一排辛辣的旱金莲。我插上杆子，种豆荚，还会用柳条编上栅栏。我会邀请朋友来品尝香草茶，茶叶是我自己种的。

但在这一切成为现实之前，我只能在窗台外面放上几个花箱，种上一点东西，还得记着给它们浇水。有时，我的薄荷种着种着就枯萎了。住在城市的公寓里，阳光总是不够。我种过薰衣草、迷迭香或其他喜光的植物，但都没有成功。但是，我还是尽我所能，种下了可以养活的植物。种下植物，这是很简单的一步。每年春天，我会找一个清晨走到农夫农场，买上几株厨用香草的幼苗，回家的路上，我在五金店停下脚步，买上一袋泥土。家里的花盆从一个公寓搬到了另一个公寓，都用过很长时间了。我满怀希望，在这些褪色的花盆里种下幼苗。这一切不需要多少时间，这也不是真正的园艺，没有那种把双手插入凉爽泥土的感觉，可是每年春天我都喜欢这样做。

我们上一个公寓有前花园，整个春天我都在那个花园里劳作。这个花园完全没人照顾，长满了珍珠菜、常春藤，还有一种不知名的小树，每次我把它们拔掉，它们总是顽强地再次生长出来。三月，大地刚开始解冻，我在一处有腐根和有落叶的地方发现了破土而出的番红花，我觉得自己必须照顾它们。事实上，我没有去征求房东的允许，就开始清除那些灰色的发霉的树叶。下午写作后，我就来到花园中，蹲下来，割掉春藤，拔掉珍珠菜。我干着活，我的邻居和我打招呼。他们都很高兴，终于有人愿意照顾整条街上最荒芜的花园了。我没能让这个花园变个样子，我没有钱购买园艺需要的东西，而且我的行为没有得到允许，我也不想脸皮太厚，但那个春天，我在花园里的劳作改变了我。我因此走出了狭窄的公寓，认识了我的邻居们。其他事情都很艰难的时候，除草就成了一件易事。

我喜欢茶，很大程度上是喜欢冲泡茶的过程，就像我喜欢早晨的那杯咖啡一样。在炉子上烧开一壶水，然后倒在茶叶上。我让茶叶泡上一会儿，然后再小口啜饮这杯温热的饮料。早春时节，我会泡浓茶，里面还会放上荨麻，这样就能避免春天的过敏症状。

第九章　盎然生机

自我护理

　　清洁或盆栽都需要有自己的方法，同样的道理，你手里也应该有几个自我护理的配方。你不需要成为香草专家就可以尝试这门艺术：薰衣草可以用来保持镇静，荨麻可以对抗过敏症，西柚可以振奋精神。

　　我并不回避现代医药，但我喜欢拥有这种感觉：用一壶热茶就能平复心情，用上一点桉树精油就能解决我的鼻窦炎，或用上一些金盏花就能治疗擦伤。有时，我也会涉足别人的专业领域。现代的药剂师可以炮制出各种各样的配方，而我在一天之内蒸馏的精油只能获得那么一点点成就。我们之间的差距实在是太大了。（每个DIY爱好者都有自己的局限。）但有些时候，我又喜欢为自己炮制一些配方。

泡香草澡

还在高中的时候,有一次我在游乐园碰到了一个灵媒,她对我说,每周都要用泻盐来泡澡。她肯定还说了其他的事情,但我只记得这一件。浑身酸痛或是有什么别的不舒服,泡一个泻盐澡是最简单的解决方案。繁忙的日子,我就往浴缸里扔上一两把泻盐,然后再加上几滴甜杏仁油和几滴喜爱的精油。只要肯试一试,你会发现,泡一个澡真的可以让人重新焕发活力。在浴缸里泡澡的时间比什么都管用,这段时间,我可以闭上眼睛,得到休整。

如果碰到时间比较充裕,我就会准备香草浴。

你需要:

- 适量的泻盐
- 干野玫瑰果
- 干甘菊
- 1个可以收口的棉布袋

把泻盐、野玫瑰果和甘菊放进小布袋里,收紧袋口,用手揉碎口袋里的东西。接下来,把口袋挂在水龙头上,让热水冲过口袋,最后灌满浴缸。泡澡的时候也可以让布袋浸在水里,它看上去就像个超大的茶袋。

冲澡用的熏香块

也许你不喜欢泡澡，你喜欢冲澡。也许你只冲澡，从不泡澡！那么在压力重重的一天开始之前或繁忙的一天工作之后，来一个香薰吧。

你需要：
- 小苏打
- 水
- 甜橙精油
- 薰衣草精油

拿一个小碗，装上小苏打，往里面倒一点水，慢慢混合均匀，再加一点水，继续混合，直到混合物看起来像湿沙为止。用勺子把混合物放到小模具中。我自己用的是小圆蜡烛点完之后剩下的金属小圆盘，但是用硅胶冰格子的效果也是一样的。让其完全干燥，最好是能放置一个晚上自然晾干。如果要加快晾干，可以用350华氏度（175摄氏度）烘烤20分钟。干燥后，每块小苏打上加5滴甜橙精油和5滴薰衣草精油。如果想要更加美观，可以在倒模的时候加上一点干花瓣，储存在密封的罐子里。到了需要的时候，取出一块扔在冲澡的地面上，然后享受那令人为之一振的芬芳吧。（垃圾桶、尿不湿桶，还有冰箱的后面，凡是你想要使其气味芬芳的地方，你都可以放上一个。）

第九章　盎然生机

窗沿放上一盆茉莉，到了冬天就会得到芬芳的回报。

只需要一枝晚香玉，整个房间都会弥漫香甜的味道。

好闻的味道

　　大家都有这种经历，如果有一段时间没有回家，一回到家就会闻到那种味道，就像是第一次闻到的一样。这种经历太奇怪了。而且有趣的是，这种气味转瞬即逝。我总是想一回家就闻到好闻的味道。我显然不是唯一有这样想法的人。围绕室内芬芳，整整一个行业拔地而起。不幸的是，很多这种芳香剂的成分值得怀疑。芬芳看起来好像是一件简单的事情，事实上真相比表象复杂得多。这是真事：大多数人工合成的芬芳剂都会让我头疼，而且会引发我的鼻窦炎。为了避免已知的头痛还有未知的其他不良后果，我选择更为简单的方法：让天然的芬芳气息弥漫在我的房间里。是的，有些天然香味也会像人工合成的香精一样强劲，我的眼睛会因此而刺痛。每年春天，我都会买上一把风信子，接下来，我就得打开窗户通风换气。当然了，我还会头痛。

我喜欢温和一点的香味，根据不同的季节，我会选择不同的淡淡香味，这种香味让房间更为清爽或温馨。在秋冬季节，炉子上炖煮的锅最能让家里温馨起来。我有一个小珐琅锅，就是为了达到这个目的。秋天的时候，我会在锅里炖煮一些像苹果、丁香、肉桂和甜胡椒一类的东西。到了冬天，我就会用杜松浆果、柠檬皮和迷迭香放在一起炖煮，用气味点亮整个房间。天气暖和的时候，只需要一两枝甜美的鲜花就能让香味弥漫整个公寓。我喜欢的鲜花有：茉莉、晚香玉、丁香花和风信子。

探索

把自己的家打造成安乐小窝了，那就迈开腿，走出去吧。

走到外面去。去参观博物馆。找一个公园散散步。在公园的躺椅上读一读周末版的报纸。逛一逛跳蚤市场。找一首诗读一读。见见朋友，喝杯啤酒。到图书馆办一张借阅卡。下班后散步回家。无论做什么，一定要走出公寓。

纽约是个四季分明的城市。冬天非常冷，夏天非常热。秋天和春天绚丽多彩，却又转眼即逝。无论外面是北极圈的寒流在呼啸，还是热浪在肆虐，我都尽量在户外多待一些时间。为了不在家里宅，有时我需要准备野餐的食物，拎着篮子来到附近的公园；有时我则需要谋划离家更远的探险活动。这样一来，晚上盖着的就不是你心爱的毯子，而是睡袋，周围不再是你舒适的卧室环境，而是令人陶醉的星空。

我觉得应该操持好一个家，但我也相信持家不是一切。我们应该打破日常习惯，超越日常生活的范围，探索另外的世界。

野餐必需品

结束压力颇大的工作日之后，最好的放松方式就是在公园里野餐。我在旧货店买到了一只旧篮子，野餐的时候，我们在篮子里装上丰盛的沙拉、一块奶酪，还有硬面包。如果那天特别忙，我们就在附近的泰餐三明治店买点东西放在里面，然后称之为野餐。对我们而言，吃什么并不重要，重要的是我们在户外享受美妙的日落时光。

为了随时都可以到户外用餐，野餐装备也随时待命。

毯子/桌布：在草地里野餐，我喜欢用轻薄的挂毯，这种挂毯的厚度和床单差不多，带着去公园很方便。如果选择在公园用野餐桌，我就会带上一小块亚麻桌布。有了这么一块桌布，整个野餐桌都亮堂了，而且很容易就能抖落食物残渣，野餐后的清洗也非常方便。

餐具：带自家常用的餐具到公园，总会担心搞丢。干脆到旧货店买上几副便宜的餐具，平时就放在野餐的篮子里。

砧板：为了野餐还带上一块薄型的木砧板，听起来好像有点夸张了。但经验告诉我们，这块砧板提升了整套装备的效率，准备野餐再也不是件苦事了。

折叠刀：欧皮耐尔（Opinel）[1]的折叠刀值得信赖，有这么一把刀会很有用。从奶酪到面包，从面包到意大利蒜味腊肠，这把刀都能胜任。

1　法国著名刀具品牌。

双肩背包：现在我们多了个孩子，就需要双肩背包来装轻便的搪瓷盘子和水壶，这样带着孩子野餐就轻松了许多。

野餐篮：我喜欢那种经典款的野餐篮，这种篮子盛放食物非常有用，到了目的地，还可以用作食物取放区。分量最重的食物不要放在篮子里，放在背包里。

不止是白色的瓷砖墙

玛丽亚小姐：

我的观点是：生活中少一点东西，不要在意浴室的瓷砖。

还记得电影《音乐之声》里玛丽亚从两边都是白杨木的小道中跳跃着走出来的场景吗？她一只手摇晃着吉他盒子，另一只手摇晃着破破烂烂的旅行袋，轻快明朗，还记得吗？你知道这个场景的。也许你还自己模仿过这一幕。没有？难道只有我这么干过？

11年前，我姐姐凯特刚从大学毕业；我19岁，还在读大学。我俩成了背包客，在意大利玩了两个星期。那个夏天，我找到了一份有薪水的实习生工作，姐姐说服了我，说开学之前，最好的做法就是花光自己那点微不足道的银行存款，订一张机票到意大利。我们在瑞士航空公司订了买一送一的机票。我用摄影机给阿尔卑斯山照了好多模糊不清的照片，还在半夜的航班上品尝了姜汁汽水。

旅行途中，每天晚上我们都吃意大利面。前往锡耶纳[1]的火车上，一位西班牙士兵爱上了凯特。其他火车无缘无故地取消了，我们耸耸肩，背上行李，转而搭乘巴士。那时勒肯[2]凉拖还没有这么流行，我脚上穿着这么一双旧凉拖，脚变得

---

[1] 锡耶纳，意大利中部城市。
[2] 勒肯（Birkenstock）是一个世界知名的德国凉鞋品牌，拥有超过二百年的历史。

脏兮兮的；到了科尔尼利亚[1]，走在地中海边，海水又将它们冲刷干净。那一天，我俩发誓，一定会在卡普里岛[2]度蜜月。到了罗马的西班牙大阶梯，我们突然大吵一架。我们走了一座又一座的城市，凯特结结巴巴地说着意大利语，我则一言不发。最后到了比萨，她逼着我用意大利语问"从哪条路走可以到斜塔"。我们坐在户外的餐桌边，叫了饮料，狼吞虎咽地吃着免费的花生，一边发出嘘嘘声，一边用帽子驱赶随时都在的鸽子。

那是我第一次离开舒适的环境，独自发现了一个更为广阔的世界。当然了，有姐姐陪伴，算不上独自一人，但关键在于，我们是自由的，唯一的负荷只有背上沉重的行李。

我们行走过一个又一个的城市，脏兮兮的小旅店和古朴的女修道院就是我们的住所。是的，是女修道院。这些女修道院有宵禁限制，床上有两床垫子和浆洗过的床单。唯一的装饰就是墙上的十字架，再有就是一两幅圣人的画像，画得并不好。在我们入住的最后一家旅店，我们的行李包被偷了，要不就是被人扔进了垃圾通道——我们终究不知道到底是哪一种情况——那个行李包里装满了我们为家人和朋友购买的礼物。我们哭了，只能空手回家，没有纪念品可以送给大家，只能给大家分享我们的故事。

我并不是说通往幸福的唯一途径是放弃所有的物质财富，然后打上背包出发。尽管对于伊丽莎白·吉尔伯特[3]和谢丽尔·斯特雷德[4]而言似乎的确如此，对于其他的圣人而言就更

---

[1] 科尔尼利亚是五渔村中的一个。五渔村位于意大利利古里亚大区拉斯佩齐亚省海沿岸地区，是蒙特罗索、韦尔纳扎、科尔尼利亚、马纳罗拉及里奥马焦雷这五个悬崖边上的村镇的统称。
[2] 位于意大利南部。
[3] 伊丽莎白·吉尔伯特（Elizabeth Gilbert），美国小说家和记者。
[4] 谢丽尔·斯特雷德（Cheryl Strayed），《走出荒野》的作家。

第九章 盎然生机

是如此。

我是想说，当我回想过去的时候，我回想的是真正觉得幸福、平静、精力充沛和宁静的日子……我是说过去有过这样的时刻。那个时候我只有一包要穿的衣服，头上有一片屋顶，肚子里有食物，没有其他什么东西。事实上，如果没有拍下那些照片，我恐怕不会记得自己那个夏天在意大利到底穿了或者带了什么。我记得非常清楚的是：我品尝到了最可口的草莓，感受到了锡耶纳田园广场鹅卵石上的阳光。我还记得，我站在梵蒂冈外，想要看一眼教皇的身影，一位年老的女士用意大利语教训我，让我把肩膀遮起来。所有这些瞬间，我都没有拍下照片，但我一直铭记在心。当时没有物质的羁绊，我心飞扬，我记住了所有这些活生生的经历。

我真心喜欢物质的东西。我喜欢精美的设计。我喜欢操持出一个美丽的家，家里摆放的都是美丽的东西。不需要太多东西，但都是好东西。你明白我的意思。有时，看到黄澄澄的浴室，连窗户都没有，地砖也坏掉了几块，浴缸的漆面也在剥落，还有那个巨大的奇丑无比的镜子，会感到这些东西就是站在我和幸福之间的障碍。如果我的浴室都是白色的瓷砖，还有一个爪式脚的浴缸，再挂上一副一尘不染的浴帘，这个世界将是多么的明亮呀。

想要像玛丽亚那样快乐地挥舞旅行包？那就好好享受草莓，忘记礼物吧。释放居家生活带来的压力，到外面的空间寻找幸福。毕竟我们活着不是为了物质，毕竟我们的生活不仅仅是为了白色的瓷砖墙。

致谢

  感谢艾布拉姆斯出版社的编辑,丽贝卡·卡普兰和奥利·多尔斯,他们对此书怀有坚定的信念,给这本书带来了生命。感谢艾布拉姆斯出版社的迈克尔·克拉克、扎卡里·诺尔、朱莉安娜·霍巴切夫斯基,还有其他工作人员。感谢詹尼·克雷默,有了你,我的文字和图片才有这么美丽的排版。

  感谢我的文学经纪人,卡拉·格拉瑟,我没有准备好的时候,你耐心等待;准备充分后,你行动迅速。感谢詹尼·菲德勒、德弗拉·凯利、乔安娜·戈达德,还有我那么多的朋友们,你们给我带来了写作的灵感。感谢《园艺》、《平等记录》、《纯绿色》和《家人》的编辑,你们让我发表过文字,锻炼了我的文笔。感谢我的博客"阅读我的茶叶"的忠实粉丝,感谢你们的支持、鼓励和喝彩。

  感谢卢尔德·乌里韦,在我写作期间无微不至地照顾我的女儿。我要特别感谢我的家人:我的姐妹们在阅读过我的初稿后,给了我宝贵的意见。感谢我的爸爸妈妈,他们在心灵和家居的道路上给了我一生的建议和鼓励。感谢我的丈夫詹姆斯,如果没有他,我也就没有可分享的故事。感谢我的女儿法耶,有了你,一切都变得这么简单。

出版后记

在消费主义盛行的今天，物质绝不会单一出现，而会以一种物质链的方式使我们沦陷：买了一个好看的皮包，衣服怎么可以过气，还有鞋子、配饰和发型也得跟上；购物车永远清不空，似乎可以轻易买到安全和充实的感觉；买回来的商品即用即弃，生活的每个环节似乎变得越来越一次性……

到底我们应该过上怎样的生活，怎么处理自己和周围——包括他人、物质——的关系，极简就是"性冷淡"风么……如果我们愿意去思考这些问题，我们就会开始感到疑惑，想要找到一个不一定普适但至少合适自己的答案。极简生活，也许就是答案的一种。

借助本书，艾琳·博伊尔提出了一种关于生活的理念和态度，但丝毫不说教，也不沉闷。全书不是"你应该""你最好"一类的说教口吻，也没有提出一个宏大得让人不知所措的"主义"概念，相反，绝大部分时候艾琳都在安静陈述自己经历过的极简生活的故事和心得。尤其有趣的是，她这种不浮夸、不矫饰的陈述方式，本身就很极简，跟她提倡的生活方式和理念是一致的。

书中囊括的范围很宽广，从锅碗瓢盆、衣帽鞋袜、金银铜铁到花草鸟木，生活空间中的不同侧面都照顾到了。通读全书，我们不难发现，艾琳提倡的极简生活并不是单纯的"扔扔扔"——如果这样的话，每个人凭直觉都可以做到——而是有取有舍，此外她特别注意联结人和物的关系。换言之，她看到了物的关系背后是人的关系。这一点极其难得。按照极简生活的处理原则，生活空间中的物品在经历一段物理位

出版后记

置的"漂流"后最终都会回到最合适的位置，在这个过程中，物品和物品的关系、我们和物品的关系都得到重整，我们也得以在新的状态中观照自己。

也许有读者在读到第 25 页的时候就忍不住动手拾屋，也许有读者看第三遍的时候才开始慢慢悟出某种美学味道。不要紧，生活很长，这本书并不是一本快餐式的速成手册，而是让你和生活相遇的一份指南。欢迎你用自己的双手、按照自己的意愿去重新营造自己的家，用心感受极简这一留白的艺术。

服务热线：133-6631-2326　139-1140-1220

服务信箱：reader@hinabook.com

后浪出版咨询（北京）有限责任公司

2017 年 11 月

图书在版编目（CIP）数据

极简生活 /（美）艾琳·博伊尔著；熊亭玉译. --
南昌：江西人民出版社, 2018.1（2018.4 重印）
　ISBN 978-7-210-09905-5

　Ⅰ.①极… Ⅱ.①艾… ②熊… Ⅲ.①生活方式—通
俗读物Ⅳ.① C913.3-49

　中国版本图书馆 CIP 数据核字 (2017) 第 267803 号

Copyright © Erin Boyle
First published in the English language in 2016
By Abrams Image, an imprint of Harry N. Abrams, Incorporated, New York/
ORIGINAL ENGLISH TITLE:SIMPLE MATTERS:LIVING WITH LESS
AND ENDING UP WITH MORE
(All rights reserved in all countries by Harry N.Abrams,Inc.)
本书中文简体版由银杏树下（北京）图书有限责任公司出版。
版权登记号：14-2017-0495

极简生活

作者：[美] 艾琳·博伊尔　译者：熊亭玉

责任编辑：冯雪松　钱浩　特约编辑：王婷婷　筹划出版：银杏树下
出版统筹：吴兴元　营销推广：ONEBOOK　装帧制造：墨白空间
出版发行：江西人民出版社　印制：北京盛通印刷股份有限公司
720 毫米 ×1030 毫米　1/16　12 印张　字数 133 千字
2018 年 1 月第 1 版　2018 年 4 月第 2 次印刷
ISBN 978-7-210-09905-5
定价：66.00 元
赣版权登字 -01-2017-883

后浪出版咨询（北京）有限责任公司 常年法律顾问：北京大成律师事务所
周天晖 copyright@hinabook.com
未经许可，不得以任何方式复制或抄袭本书部分或全部内容
版权所有，侵权必究
如有质量问题，请寄回印厂调换。联系电话：010-64010019